Teatro moderno hispánico

Edited by Nina Lee Weisinger

Selections from
South American Plays

NATIONAL TEXTBOOK COMPANY • Lincolnwood, Illinois U.S.A.

1987 Printing

67890 ML 98765432

Preface

Teatro moderno hispánico is an anthology of selections from Spanish-language plays written by dramatists from Argentina, Uraguay, Chile, and Colombia. The language of these plays makes them suitable for advanced high-school and college students of Spanish. The themes accurately portray the psychological and cultural climate of South America during the first forty years of the twentieth century.

An Introducion to this book by Ann Dorothy Véliz traces the backgound of these plays and descibes the numerous influences that shaped South American theater during this period. Specific information about the author and play precedes each work. Footnotes in the plays are in English, and summaries of the parts omitted in this version have been provided. A helpful Spanish-English Vocabulary will be found at the back of the book.

One point of style that may require some explanation concerns the forms of the pronoun *you* used by the characters in these plays. At times, the forms may seem inconsistant. As is to be expected, *usted* expresses respect and formality, while *tú* is used in familiar, informal situations. Nonetheless, readers will find that *vos* is used in some countries. As with *tú*, its use expresses warmth and familiarity. Paying attention to this and other exceptions to the usual rules of language will help students appreciate shades of meaning as they read or present the play selections in class.

Teatro hispánico is another collection of Spanish-language drama published by National Textbook Company. This anthology presents plays written within the past thirty years.

Introduction

THE AUTHORS represented in this collection were born in the latter part of the nineteenth century, the same century that saw the birth of the South American nations as they won political independence from Spain. Only through their emergence as national entities could these countries give rise to their own characteristic, national theater. The development of Spanish American drama is still in progress, increasing in profundity and virtuosity as it continues into the second half of the twentieth century.

While the authors in this volume were born into the nineteenth century, their works were published chiefly between 1900 and World War II. Thus the present collection of plays represents a vital period, especially interesting for study of the development of South American drama, since it spans the era in which national theater was beginning to emerge, to the twentieth century in which the impact of various influences upon the evolution of the drama can be observed.

Five distinct ingredients have contributed decisively to the creation of South American theater: ancient classical drama, as revived by Renaissance Spain; Spanish literary molds from the sixteenth to the twentieth centuries; theatrical traditions from Inca and Nahuatl civilizations; modern European philosophies and dramatic techniques; and New World natural and social phenomena. Obviously, South America has inherited a long, rich theatrical history.

In the two most ancient ingredients, the classical and the Indian, the origins of drama can be found in early religious rites. During Greek festivals honoring Dionysus, the god of vegetation, fecundity and prosperity, men dressed as sheep formed a chorus to sing his praises. Eventually one member of the group stood forth to make responses to the utterances of the chorus, thus producing the first rudimentary theatrical dialogue. In time, more individual actors separated from the group. Finally the actors assumed greater importance than the chorus itself.

Indian tradition presents a strikingly similar process which also developed from religious roots. The sixteenth century chronicler, Gonzalo Fernández de Oviedo, in his *Historia natural de las Indias* describes a ceremonial dance in which both a leader and a chorus participated. The elaborately costumed chorus imitated the leader's words and movements, creating both verbal and physical dialogue. Such dramatic manifestations occurred on festival days. In one such piece in which pantomime played an important part, various characters appeared representing persons afflicted with deafness, blindness and colds. Through actions and gestures they asked the god of health to heal them. Their movements produced a comic effect inducing merriment in the audience; the piece accomplished its religious, didactic purpose pleasantly.

Another early Indian religious work, more lyrical than comic, concerns the goddess of love and flowers, Xochiquetzal, and reveals that all the elements of modern theater: locale, plot, costume, scenery, pantomime, dialogue, music and dance were already present in the pre-columbian works upon which the conquistadors would impose their European influence. In the manifestation honoring Xochiquetzal, trees covered with roses were used as scenery. Boys dressed in red, green, blue and yellow feathers climbed in the trees and hopped from limb to limb. Other actors represented butterflies, flowers and gods. When the gods appeared on stage, they began to shoot at the birds with blow guns. Finally Xochiquetzal, wearing a crown of roses, appeared and established peace among all participants. Thus the goddess was portrayed as a kind bearer of harmony who forgave rather than punished. Both these pieces from the valley of Mexico show that in that region, profane and religious elements mingled while the comic was not considered foreign to the divine. The great appeal of this kind of theater for the whole population can be readily understood. Among the Incas, on the other hand, theater was in general more aristocratic and serious but no less lacking in pageantry.

The arrival of Spaniards in the New World provided an additional religious basis for the emergence of still another kind of theater. In early colonial times, representations honoring various Christian holy days were held in the churches, but the great popularity of the performances soon brought crowds too large to be accommodated within the church, and the inclusion of ever greater amounts of profane material in the productions eventually made them unacceptable to the holy fathers. Thus the representations moved to new locales beyond ecclesiastical confines and continued their secularization.

Nevertheless, in sixteenth and seventeenth century colonial periods, missionary theater continued to be one of the leading genres together with the dramas written and produced in the Jesuits' Latin grammar schools, and, finally, the secular *criollo* theater. Missionary theater, religious and didactic, blended European Christianity and theatrical technique with indigenous Indian elements. The schoolboys' theater, also religious and didactic, remained purely European in its classical roots upon which numerous morality plays *(autos)* were developed for a limited audience. The *criollo* theater was the most lively and secular of the three. It came into being as peninsular works were presented in the New World with the addition of local elements and other slight changes to make them appropriate for their new South American audiences.

From the secular peninsular works emerged a native theater characterized by veiled social criticism expressed in subtle, indirect dialogue through which complaints against colonial injustices and other social evils were presented. Throughout the colonial period, peninsular theater was the strongest influence on South American dramatic production. In fact most representations were those of Spanish authors like Lope, Calderón, and Tirso de Molina and their imitators. The actors, as well as the works, were generally imported. But by the eighteenth century Spanish neoclassic dramatic production had become stereotyped; the artistic, political and economic decadence of the peninsula gave rise to a certain ideological independence on the South American continent, which culminated eventually in the Wars of Independence. During that struggle, theatrical performances diminished greatly. The two centers from which new national theater was to emerge, bringing with it the tenuous traditions of the past, were those in which the highest economic and cultural levels had been attained: Argentina and Mexico.

Argentina presents a vivid example of the development of national theater, but it must be remembered that when one speaks of nineteenth century Argentine drama, he is really talking about what is called the *teatro rioplatense* and includes Uruguayan and Argentine production together, because of their geographical proximity and close cultural interrelationships. After the trauma of the war period, when theatrical activity resumed in Buenos Aires, wealthy audiences went to see an occasional imported or copied pseudoclassical work or, more and more frequently, a romantic melodrama based on European models, complete with heroine-hero-villain, tears, sighs, and violent action. Meanwhile, the poor went to the circus. The performances there usually included an Argentine *gaucho* version of something akin to Buffalo Bill's Rough Riders' Show.

Around 1884, the owners of the Carlos Brothers' Circus decided to use as thematic material for one of these acts the popular novel by Eduardo Gutiérrez, *Juan Moreira*, tale of a *gaucho* hero. It was presented first as a pantomime, later with dialogue. Its success was immediate and tremendous. Writers of all degrees of talent were attracted by the promise of money inherent in the public's love of *gaucho* themes, and a new, national theater was born. Soon the refinements of artistic style and theatrical technique were applied to the indigenous material, and the Río de la Plata theater, never far from European influences, was ready to flourish eclectically.

Most of the works included in the present collection evolved from the *rioplatense* tradition. They represent variations and further developments of what began with *Juan Moreira*. In the *rioplatense* group are *Los muertos* by the leading author, Florencio Sánchez, and the plays by Martín Coronado, Pablo Groussac, José Pedro Bellán, and Ricardo Rojas.

Sánchez' earliest plays *M'hijo el dotor* (1903) and *La gringa* (1904) were works about rural life. These clearly show their ties to the *gaucho* tradition, but with *Los muertos* (1905), he moved into the Argentine urban environment for his thematic material. Sánchez' treatment of urban themes is characterized by naturalism and social protest; yet the author's compassion and plea for human comprehension are always apparent.

Martín Coronado's play *La piedra de escándalo* is typical of his works. It shows the application of already existing romantic tendencies to rural, *gaucho* Argentine themes. Although the result was generally melodramatic, he succeeded in fusing the romanticism of the established theater with the recently discovered *gaucho* themes.

Pablo Groussac also used national material for his *La divisa punzó* (1922) based on the life of a kind of a super-gaucho, the dictator Juan Manuel de Rosas (1793–1877).

José Pedro Bellán, whose works prospered in the theatrical renaissance engendered by *Juan Moreira*, represents a departure from national themes and shows instead the lingering influence of nineteenth century romanticism and modernism which contributed to the eclectic enrichment of *rioplatense* drama. Bellán was receptive to the dark current of romanticism which gave rise to horror stories like *Frankenstein* or Poe's *Pit and the Pendulum*. In this sense, he was not unlike his contemporary fellow-countryman Horacio Quiroga, for he also shows modernist tendencies in the refined, poetic qualities of his dialogue and in his choice of a fairy tale with an exotic, regal setting for his adult version of *Snow White*. Bellán, like Florencio Sánchez, moved toward the psychological theater.

Ricardo Rojas used an Inca legend from the Argentine *cordillera* for *Ollantay* (1939) in which he combined the splendor of ancient pageantry with polished modern theatrical techniques.

Meanwhile, on the other side of the Andes in Chile, Armando Moock and Acevedo Hernández were examining their own national reality and expressing it in rural dramas, while undergoing the same process of eclectic expansion that was observable in the Rio de la Plata area. Moock followed tendencies of elemental psychology, sentimentality, and lachrymose effects; Acevedo Hernández developed along realistic and naturalistic lines. Moock's striving for lachrymose effects can be observed in his successful *La serpiente*; Acevedo's pessimistic naturalism appears in the tragic destinies in *Angélica*.

The Colombian Carlos Sáenz Echeverría wrote the earliest piece included in this collection. His *El estudiante* dates from the late nineteenth century and shows the persistent influence of peninsular Spanish theater on South American drama. The work is a *zarzuela*, a kind of musical comedy which became popular in Madrid around 1867 and was subsequently imported to South America.

The Plays

Teatro
moderno hispánico

Florencio Sánchez

Los muertos

FLORENCIO SÁNCHEZ was born in Montevideo in 1875 and died in Milan in 1910. Born into poverty, he spent much of his youth among the wretched slum and tenement dwellers of Montevideo and Buenos Aires, acquiring experiences which later furnished material for a great part of his dramatic work. His influence on the national Argentine drama to which his production belongs was very great, and he is considered by many of his critics the culminating figure of the theater of two republics.

With the successful run of *M'hijo el dotor* in 1903, the fame and popularity of the young playwright were established. In the following six years he produced eight long plays and eleven comedies and zarzuelas, all of his best work. Of his long plays, three are dramas of rural life: *M'hijo el dotor, La gringa,* and *Barranca abajo.* The six with urban settings are *Moneda falsa, En familia, Los muertos, El pasado de una vida, Nuestros hijos,* and *Los derechos de la salud.*

The minor works of Sánchez, many of which are thesis plays in defense of revolt against injustice, hypocrisy, or intolerance, are: *Canillita, Cédulas de San Juan, La pobre gente, Mano santa, El conventillo, El desalojo, Los Curdas, La tigra, El Cacique Pichuleo, Marta Gruni,* and *Un buen negocio.* For a detailed discussion of all the plays of

Sánchez the reader is referred to the excellent work of Dr. Ruth Richardson entitled *Florencio Sánchez and the Argentine Theatre*.

Los muertos is one of the problem plays of Sánchez. Considered his masterpiece by several critics, he sustains the thesis that character is the most important thing in life, that people without character are as dead men who walk through life merely as puppets. It is the story of the tragic dissolution of a family caused by the husband's weakness for drink.

Los muertos was presented in Madrid with tremendous success by the great Spanish actor José Tallaví and won for Sánchez the rating of the best dramatist of all Spanish America.

Los muertos

PERSONAJES[1]
Amelia, una mujer bastante joven
Lalo, su hijito
Lisandro, su marido
Liberata, madre de Amelia

ACTO I

[Lisandro se ha hecho tan borracho que Amelia se niega a vivir con él, a pesar de que no se han divorciado. Amelia acaba de comprar para su hijo un traje nuevo y botines. Entra el niño diciendo que ha visto en la calle a su papá, y que éste le ha dado un níquel y le ha prometido un lindo regalo.]

* * *

---

[1] Only the characters that appear in the selections are mentioned.

Escena V[2]

Amelia y Lisandro

AMELIA. ¿Qué quiere usted en esta casa?

LISANDRO. *(Desde la puerta)* Nada . . . Venía a traer estos botincitos para el nene . . .

AMELIA. ¿No le he prohibido que se ponga ante mi vista? ¡El nene no precisa regalos de nadie! ¡Puede marcharse!

LISANDRO. *(Avanzando tímidamente)* No te enojes,[3] Amelia . . . Me voy . . . Me iré enseguida . . . no pienso incomodarte . . . ni decirte nada. ¿Sabes? . . . Un amigo que me debía unos pesos . . . Rovira, ¿te acuerdas? . . . Bueno, me debía unos pesos y cuando me vió se acordó de lo que me debía y me los pagó . . . veintisiete pesos que yo le había prestado . . .

AMELIA. Acabe de una vez . . .

LISANDRO. Yo entonces le compré estos zapatos a Lalo y no te enojes . . . Aquí te traigo lo que sobró por si te hace falta . . . *(Amelia, abrumada, baja la cabeza.)* ¡Son veinticinco! . . . justitos . . . Para algo sirven . . .

AMELIA. *(Dulcemente)* ¡No, no Lisandro! . . . ¡Guárdalos! ¡No me hacen falta!

LISANDRO. ¿Es porque yo te los traigo? ¡A mí tampoco me hacen falta! Tómalos . . . Vine yo porque . . . porque tenía ganas de verlo y regalarle los botincitos . . . ¿No está?[4] . . . Si no quieres que me vea aquí en casa, digo, aquí en tu casa, me lo mandas a la puerta con la abuela. ¿De veras no te hacen falta esos pesitos?

AMELIA. *(Llamando)* Mamá . . . tráigalo. *(A Lisandro)* Siéntate.

LISANDRO. ¿Está muy travieso? ¿No te da mucho trabajo? ¡Pobrecito! Hoy le di diez centavos y se puso contentísimo . . . Dijo que pensaba guardarlos para juntar muchos y comprarse un traje de pantalón largo . . . ¿Piensas mandarlo a la escuela después de las vacaciones? Yo, mira, le enseñaría a leer en casa . . . Es mucho mejor . . . En la escuela . . .

---

[2] Scenes 5–7, which close the first act of this gripping play, portray the pathetic condition of a weak man who can no longer control his appetite for alcohol and who sees with despair that he is losing the love of his adored child.

[3] To make the text suitable reading for students the editor has also replaced such forms as *enojés, sabés, querés,* etc., current among middle-class people in Argentina and used constantly by Lisandro, by the regular forms of *enojes, sabes, quieres,* etc.

[4] *¿No está (en casa)?* Is he not at home?

Escena VI

Liberata, Lalo, Lisandro, y Amelia

LIBERATA. Aquí lo tiene.

LALO. *(Extrañado)* ¡Oh, en casa! . . . ¡Ah! ¡Ya sé! . . . ¡Viniste a traerme el regalo! . . . ¿a verlo? . . . *(Corre hacia Lisandro que lo alza en brazos besándolo con efusión.)*

LISANDRO. ¿Y tú? . . . ¿No quieres besarme? . . . Vamos, un beso a tu papá . . .

LALO. *(Lo besa en la boca y vuelve la cara con repugnancia.)* ¡Uff . . . qué olor feo!

LISANDRO. *(Impresionado, limpiándose con el dorso de la mano.)* ¡Ah! el cigarillo . . . Es el cigarro . . . Los cigarros de hoja que fuma su papá . . .

LALO. ¿Y mi regalo?

LISANDRO. ¡Ah! . . . El regalo. *(Se interrumpe sorprendido al ver el traje flamente del chico y mira alternativamente a los circundantes.)*

LALO. ¡Ahí lo tienes! ¡Abrelo!

LISANDRO. ¡No, no! No es esto . . . No pude traerlo . . .

LALO. ¡Mentira! . . . Es para engañarme . . . Trae . . . trae no más.[5] *(Le arrebata el paquete y lo desenvuelve rápidamente.)* ¡Qué pavada! . . . Unos botines . . . *(Los deja caer.)* Mira los que tengo . . . Estos sí que son lindos . . . *(Lisandro oculta la cabeza entre las manos.)* Te dió rabia porque son más lindos . . . ¿Eh? . . . Míralos.

LIBERATA. Nene, venga. Déjese de fastidiar a la gente . . . *(Se lo lleva.)*

Escena VII

Lisandro y Amelia

LISANDRO. *(Después de un momento, reaccionando)* ¡Amelia! . . . ¿Quieres que hagamos las paces?[6] . . . ¡No puedo vivir así!

AMELIA. No, Lisandro . . . Me has prometido no tocar más este asunto . . . Andate . . .

LISANDRO. Ahora me van a dar un empleo . . . el nuevo gobierno . . . Tengo muchos amigos . . . Trabajaré . . . Pienso portarme

---

[5] *trae no más*, let me have it right now. This use of *no más* for emphasis is very common in Spanish America.

[6] *¿Quieres que hagamos las paces?* Let's make peace, or shall we make up?

bien . . . Cambiar . . . Te lo juro . . . Cambiar completamente . . .

AMELIA. No insistas porque no es posible . . . Entre nosotros no podrá existir nada más . . .

LISANDRO. Ya sé, lo haría por él . . . No tiene la culpa el pobrecito. Ya me está perdiendo hasta el cariño . . . No beberé más . . . ni vino en la mesa . . .

AMELIA. ¡No, y no! . . . ¡No añadas una palabra! *(Señalándole la puerta)* ¡Hemos concluído! . . .

LISANDRO. Sé que has tenido razón . . . Me porté mal . . . no pude contenerme . . . estaba enviciado ya . . . No me daba cuenta de lo que hacía. Cuando un hombre se emborracha pierde el sentido. ¿No es verdad? . . . Bueno; yo también perdí el sentido. Ahora, no . . . Mira; te prometo tomar ese remedio que hay . . . Yo no quiero perder el cariño de mi hijo . . . ¡Esa criatura es para mí más que mi madre, más que Dios, más que todo el mundo!

AMELIA. Juras no beber más y estás ebrio ya . . . *(Se le acerca y le toma por un brazo.)* Vamos.

LISANDRO. ¿Yo ebrio? ¿Yo borracho? Sólo he bebido un cognac para animarme a venir acá . . . Nada más . . . Ni una sola copa más . . . Déjame . . . Hagamos las paces . . . Si quieres, te pido perdón de rodillas . . . Prometo ser bueno . . . Te daré toda la plata que gane; me iré al centro a pie sin un centavo en el bolsillo. Más . . . todavía, te dejaré en libertad absoluta . . . Yo todavía te quiero, te quiero mucho . . . Yo tuve la culpa.

AMELIA. ¡No! . . . ¡Basta! . . . ¡Basta! . . . ¡Basta! . . . ¡Mándate mudar!⁷ . . . ¿Piensas repetir la comedia acostumbrada? ¡Andando! *(Quiere conducirlo.)*

LISANDRO. ¡No me voy! . . . ¡No! . . . Quiero quedarme . . . ¡Esta es mi casa!

AMELIA. *(Severa)* ¿Cómo? ¡Fuera de acá! ¡Ni a buenas ni a malas! ¡Te irás!

LISANDRO. ¡No te enojes! . . . Sí, me iré . . . Pero . . . quisiera quedarme, a buenas . . .

AMELIA. ¡No! . . . Pues . . . Si no te vas en el acto, nunca, nunca volverás a ver a tu hijo . . . ¡Elegí!⁸ . . .

---

⁷ *¡Mándate mudar!* Go away!

⁸ *¡Elegí!* Make your choice! (for *elegid*, commonly used thus in addressing one person familiarly.)

LISANDRO. ¿Eh? . . . ¡Jajá! . . . ¿A mi hijo? . . . ¿Que no lo veré? . . .
¡Jajá! Estás loca, loca . . . ¿A mi Lalo? . . . ¡A mi Lalo! ¡No me
muevo! *(Se sienta.)*

AMELIA. ¡Lisandro!

LISANDRO. No me muevo . . . ¡Esta es mi casa! . . . ¡Sí, mi casa! . . .
¿Has entendido? . . . ¡Yo mando! . . . ¡Soy el marido! . . . ¡Creías
que me hubiera olvidado!

AMELIA. ¡Oh! ¡Qué infame! ¿Quieres que llame a la policía?

LISANDRO. Puedes llamarla. Mientras no haya divorcio, yo seré
quien gobierne . . . el dueño de esta casa.

AMELIA. Eso, nunca . . . Ya verás . . . *(Llamando)* ¡Mamá! . . .
Ma . . .

LISANDRO. No; no la llames . . . Podría venir él . . . Perdóname . . .
¡No soy nada aquí! . . . Tú mandas . . .

AMELIA. ¡Se habrá⁹ visto cosa igual!

LISANDRO. Hagamos las paces . . . a buenas . . . Amelia . . .

AMELIA. Te repito que no insistas. Por otra parte, sería tarde.

LISANDRO. Ya lo sé . . . Julián Alvarez es tu . . .

AMELIA. Entonces, si lo sabes . . . se acabó.¹⁰

LISANDRO. ¿El te da la plata?

AMELIA. El.

LISANDRO. ¿Y le regaló el traje y los botincitos?

AMELIA. Y los botincitos.

LISANDRO. *(Exasperado)* ¡Dios! . . . ¡Dios! . . . *(Después de una pausa)*
Dime . . . ¿Y si yo te matase?

AMELIA. Mátame . . . Sería lo único que te quedara por hacer;
completar la obra . . . Estarías en tu derecho, desde que eres el
marido . . . A ustedes les permite todo la ley, la sociedad y qué sé
yo, hasta la religión. Nadie, nadie sin haberlo pasado puede
imaginarse toda la miseria de nuestra vida conyugal. A la mujer
más santa, más sufrida, la pondría en mi caso, para demostrar la
abnegación con que te soporté siempre. Te quería cuando me
casé, te quise más cuando me hiciste madre, a pesar de que ya
empezaba a conocerte. Después manoseaste mi amor propio de
mujer, me abandonaste y te fuiste abandonando y perdiendo poco

---

⁹ Future of conjecture: Did anybody ever hear of such a thing!
¹⁰ *Se acabó.* That's the end of it.

a poco los escrúpulos, hasta presentarte ante mis ojos como el más vulgar, como el más indigno y repelente de los seres. Todavía me oprime acá el recuerdo de la náusea que me causaba tu borrachera asquerosa . . . y las privaciones y el oprobio de la mentira y de la embrolla, porque ni el coraje te queda de tratar con los acreedores . . . Y el hambre y la mendicidad vergonzante . . . todo es poco. Encima el marido se abroga el derecho, amparado por la ley y la sociedad, de matar a la infeliz mujer que ha tenido el coraje de emanciparse . . . y reclamar su parte de dicha en esta vida . . . ¡Mátame! . . . ¡Mátame! ¡y mátate! . . . ¡Tal vez sea mejor! Así le ahorraremos a nuestro hijo el mal ejemplo de nuestras vidas pervertidas.

LISANDRO. ¡Tienes razón! . . . ¡He sido un infame! . . . ¡Ya no hay remedio! . . . Te dejo . . . ¡Se acabó! Pero me vas a prometer una cosa. Cuídalo mucho . . . El pobrecito no es culpable. Adiós. Vendré a verlo alguna vez . . . *(Alejándose)* ¡Cuando no esté borracho!

AMELIA. *(Compasiva, viéndolo salir)* ¡Qué infeliz!

LISANDRO. *(Volviéndose después de un breve mutis)* ¿Quieres darme los zapatitos? . . . De todos modos ya . . . ¿para qué?

[Después Lisandro busca el olvido en el alcohol. En el Acto II aparece una noche en un bar aristocrático charlando con algunos amigos. Saca un revólver, y dice que lo compró esa tarde para pegarse un tiro, pero que cuando iba a hacerlo se le ocurrió que era una zoncera. ¿Para qué matarse si ya estaba muerto?

LUIS. ¿Como es eso?

LISANDRO. Claro que estoy muerto . . . como tanta gente que anda por ahí.[11] Hombre sin carácter es un muerto que camina . . . Pienso que los que no saben vivir, los inadaptables, están muertos . . . En cuanto los hombres buenos tienen un vicio, están muertos.

Los compañeros creen que Lisandro está loco y completamente perdido.

---

[11] *que anda por ahí,* that are roaming around the world.

Acto III. Más tarde en la misma noche este grupo de hombres va a casa de Amelia, donde Lisandro mata a Julián hundiéndole un cuchillo en la garganta. Luego quiere matar a los demás, pero de repente dice:—¡No! ¡Todos están muertos!—Y deja caer el cuchillo.]

Blancanieve

José Pedro Bellán (1889–1929) was a native of Montevideo and spent most of his life there as a teacher and writer. Like many other Spanish American men of letters he was active in politics, and earned a reputation as a member of the Chamber of Deputies.

According to his contemporaries, Bellán was a writer who fled popularity. He lived apart from his fellowmen, frequenting no literary clubs, cultivating no social contacts, yet he was a man of talent and sound literary ability. His friends said he wrote merely to satisfy his soul and that he was indifferent to the sale of his books, once they were published.

The literary output of Bellán consisted mainly of short stories and plays, and in both types there is a marked contrast between his early and later productions. Some of the stories in *Huerco* (1914)—thirteen *"historias fantásticas"*—and *Doñarramona* (1918) are repugnant, apparently the product of nightmares recalling Poe and Maupassant. Here Bellán was pessimistic, satirical, neurotic, as well as careless of style. On the other hand, in the stories of *Primavera* (1920)—mostly tales for children dedicated individually to Luisa Luisi and other contemporaries—we find normal characters and a sympathetic understanding of the human mind and heart. The tender, delicate story of the death

of a pet dog in *El primer dolor* is a gem in which there is no trace of the Bellán who wrote *Huerco.* Two later collections of his stories are *Los amores de Juan Rivault* (1922) and *El pecado de Alejandra Leonard* (1926).

An equally marked contrast is found in the dramatic work of Bellán. The characters of *Amor,* *"un drama raro e intenso,"* are tortured souls, victims of fate, overwhelmed by life. Bellán is not picturing manners and customs, or showing interest in ordinary daily life, things which attracted Florencio Sánchez. In *¡Dios te salve!* (1920), while most of the characters are poor and abnormal in some respects, the tone is lighter, the feeling less intense. This play met brilliant success in the capable hands of Camila Quiroga's company in the Liceo Theater of Buenos Aires. After *Vasito de agua, Tro-la-ro-la-rá,* and *La ronda del hijo,* Bellán wrote his dramatic arrangement of *Blancanieve* (1928). Produced in Montevideo, this beautiful and artistic version of "Snow White" must have been a most effective spectacle, with the orchestra playing "Peer Gynt," the seven dwarfs in their respective colors, and the rich decorations of the Royal Palace.

Bellán's last two plays were *El centinela muerto* and *Interferencias.* The latter shows a tendency toward surrealism; rather than a play, it is a series of five episodes weakly connected by a common idea.

Blancanieve

Un prólogo y tres actos en doce cuadros

PERSONAJES

Blancanieve, hija de la Reina muerta
La Reina, madrastra de Blancanieve
Dama de confianza de la madrastra
El Rey
Oficial primero
Oficial segundo

ACTO I

Un puesto de guardia en un sendero cercano al Palacio. En el fondo se divisan los muros del edificio. Es de noche. Hacia la izquierda, en primer término, debe haber una puerta que da entrada a una cabaña que ocupan los oficiales de guardia. La puerta debe estar abierta. De la habitación sale una luz rojiza que se proyecta en escena, abarcando un espacio breve. Hacia el foro, y después del sendero, el terreno se levanta, culminando a la distancia con la mole del Palacio, cuya forma aparece borrada y confusa en la noche. Se distinguen algunas luces lejanas. Arboles hacia la derecha. Un banco de madera junto a la cabaña.

Escena I

Unos instantes después de levantarse el telón, dos soldados armados pasan por el camino, de izquierda a derecha, haciendo la ronda. En seguida saldrá de la cabana un oficial que se sentará en el banco.

OFICIAL 1⁰. *(Dirigiéndose a una persona que está en la cabana)* La historia de tus aventuras me quitó el sueño. Y como la noche nos es propicia, conversemos. Los dos años que pasaste prisionero de los turcos deben haberte enseñado muchas cosas.

Escena II

Dichos y oficial 2⁰. que sale de la cabana poniéndose el cinto de la espada.

OFI. 2⁰. No. Mi vida en la prisión no tiene mayor interés. Durante ese tiempo no he visto nada. He padecido privaciones sin cuento: desde el hambre y la sed; he andado peregrinando de mazmorra en mazmorra, hasta que la paz me trajo a mis lares. ¡Oh! . . . no te imaginas tú la alegría de volver a verlos. Mi aldea me ha parecido el lugar más hermoso de la tierra. Pero cuenta tú. Mi ausencia ha sido larga y me siento algo extranjero en la Capital. Ignoraba que el Rey se hubiese casado de nuevo.

OFI. 1⁰. Cumplido un año de la muerte de la Reina. Nadie esperaba ese casamiento. Tú sabes que el Rey siempre había sido afable y gustaba de mostrarse al pueblo. Pero al quedar viudo la pena cambió su carácter. Dicen que se paseaba en el Palacio sin querer ver a nadie y que abandonaba los negocios del Estado en manos de sus ministros. Pero después de regresar de Constantinopla con su ejército, he aquí que, a los quince días, llega al Palacio una princesa con su comitiva y el Rey se casa con ella, ante la sorpresa de todos.

OFI. 2º. Cuestiones políticas. Algún tratado, quizá.

OFI. 1º. Eso se dijo. Sin embargo, lo que parece cierto es que el Rey está hechizado por la belleza de la Reina.

OFI. 2º. ¿Es tan bella?

OFI. 1º. Una mujer bella como nunca se vió. Durante una fiesta se mostró ante la muchedumbre. Nunca ví nada igual. Su aparición produjo un silencio solemne. Luego, como un mar repentinamente sorprendido por el huracán, la muchedumbre se arremolinó, fue encrespándose, elevándose sobre sí misma y explotó en un grito de admiración, un clamoreo interminable que subió a los cielos. Ella sonreía. En aquel momento el Rey, a su lado, parecía una criatura insignificante.

OFI. 2º. ¡Ira de Dios![1]

OFI. 1º. Es que no la viste.[2] Su presencia subyuga. El Rey, hechizado, la corte hechizada, el mismo pueblo hechizado. Hay en su belleza un arte diabólico, la influencia de un maleficio poderoso *(bajando la voz)*. Según parece, la vida íntima de la Reina está velada por un misterio impenetrable. Tras su belleza está oculto Satán. Soberbia, orgullo, vanidad, esplendor que ciega . . . La Reina cree que sus súbditos nacieron con el único fin de adorarla de rodillas. La corte vive sujeta a sus caprichos. Por ser hermosa, la condesa Matilde fue obligada a recogerse en un monasterio. *(Pasa la ronda.)*

OFI. 2º. *(Después de un silencio)* ¿Y Blancanieve?

OFI. 1º. La pobre princesita, desde el casamiento de su padre, vive confinada en sus habitaciones. La Reina ha logrado separarla del Rey. Durante los primeros tiempos, la consideraba como a una hija. Pero Blancanieve parece hecha con elementos divinos. La forma, la gracia, la luz, el color, todo se halla dispuesto en su ser. La princesita es la encarnación de la suprema armonía. La Reina siente miedo, envidia, desesperación. Presiente que el trono de su belleza se ha de derrumbar[3] y que ha de ser Blancanieve, la dulce

---

[1] *¡Ira de Dios!* Lord deliver us!
[2] *Es que no la viste.* You didn't see her!
[3] *se ha de derrumbar,* is doomed to fall.

criatura, quien en día no muy lejano ha de aparecer ante los hombres como una visión celeste.

OFI. 2⁰. Muy extraño tu relato, muy extraño y poco serio. La Reina está loca.

OFI. 1⁰. *(Prudentemente)* ¡Cuidado! No olvides que estamos apostados como ante una puerta de servicio, pero una puerta de servicio por donde entra y sale la clase más linajuda del Palacio. La noche tiene sus encantos y sus sorpresas.

OFI. 2⁰. ¿Viste a Blancanieve alguna vez?

OFI. 1⁰. Tuve esa suerte. Estuve muy cerca de ella.

OFI. 2⁰. ¿Qué edad tiene?

OFI. 1⁰. Es casi una niña: diecisiete años.

OFI. 2⁰. Morena, ¿verdad?

OFI. 1⁰. Te diré: en la princesita todo es extraordinario. Maravillan la blancura de su piel y el negro profundo de sus ojos y de sus cabellos. Ebano y nieve, pero una nieve en la que se reflejan los tintes suaves de la aurora. En su noble cabeza juega la luz del día y se recoge la noche. Por la coloración de su piel, Blanca parece que canta, y por la obscuridad profunda de sus ojos parece que llora. Yo tuve la dicha de verla un poco antes de llegar tú. Fue en la Granja, junto a las ruinas de la Fuente. La casualidad me llevó a pasar por su lado. Blancanieve estaba sentada sobre una losa y junto a ella una dama, no sé quién, le hablaba dulcemente. Ella parecía no escucharla. Reclinada sobre el asiento, miraba a lo lejos y yo, defendido por un ramaje, me detuve un instante, como si una fuerza misteriosa me mantuviera fijo. ¡Qué segundos inenarrables! . . . Sobre aquel paisaje abandonado, sobre aquel fondo de piedra y de musgo, la actitud de la Princesa, su belleza serena y triste, daba al paisaje una expresión de soledad infinita.

OFI. 2⁰. ¿Y el Rey se olvida de que es padre y de que es Rey? ¿Por ventura ignorará que su hija vive como una prisionera?

OFI. 1⁰. El Rey es mortal; el Rey, como el más humilde de sus siervos, puede tentar a Dios. El amor por la Reina le ciega. Su voluntad no existe. Es ella la que gobierna y ella es capaz de todo. Roguemos porque no caiga[4] sobre la princesita un infortunio mayor.

---

[4] The use of *porque* for *para que* in purpose clauses was much more common in the past than at present. It is appropriate here because the story belongs to the past.

OFI. 2º. ¿Qué quieres decir?

OFI. 1º. Los genios del mal inspiran a la Reina designios funestos. Y estoy seguro de que ella no retrocedería ante la propia vida de la princesita.

OFI. 2º. No, no es posible. Tú te engañas. Eso no llegaría a suceder.

ESCENA III

Entra por la izquierda un soldado que ilumina el camino con un farol. Da algunos pasos y se detiene.

OFI. 1º. *(Al soldado)* ¿Qué hay de nuevo?

SOLDADO. Gente embozada que pide paso.

OFI. 1º. Conducidla hasta aquí. *(El soldado hace mutis por la izquierda.)*

ESCENA IV

Dichos menos el soldado

OFI. 2º. Es la hora de los embozados.

OFI. 1º. Algún correo misterioso.

OFI. 2º. Alguna comisión urgente.

ESCENA V

Dichos y el soldado seguido por cuatro personas, tres mujeres y un hombre, todos embozados y vestidos de negro. Tras ellos dos soldados de la guardia, armados. El soldado que lleva el farol avanzará unos pasos, alumbrando la escena. Los embozados cuchichean algo entre ellos demostrando prisa e inquietud. Permanecerán junto al foro.

OFI. 1º. *(Tras un silencio. A los embozados)* Avanzad. *(Una pausa. Una de las mujeres descubre un brazo de entre su manto y le hace señas al oficial 1º, pidiendo que se acerca.)* ¿Os resistís a hablar? *(El oficial 1º se acerca. Cuando está junto a ella, la mujer le dice algo como en secreto y en un movimiento involuntariamente descubre parte de su cara, la que se apresura a cubrir. El oficial retrocede un paso, anonadado. Inicia una reverencia. Quítase el sombrero, pero se lo vuelve a poner, manifes-*

*tando torpeza y confusión. Permanece un instante inmóvil. Luego,
visiblemente emocionado ordena.)* Dejad libre el camino. *(A los
embozados)* Podéis seguir. *(Los soldados hacen mutis por la izquierda.
Los embozados por la derecha, de a uno⁵ en fondo. El hombre ha
desnudado su espada y marcha adelante.)*

ESCENA VI

Oficial 1⁰ y Oficial 2⁰

OFI. 2⁰. *(Acercándose a oficial 1⁰, que permanence mirando por donde se
fueron los embozados)* ¿Qué te han dicho?

OFI. 1⁰. *(Imponiendo silencio)* ¡Ps! . . . ¡es la Reina!

OFI. 2⁰. *(Muy sorprendido)* ¿La Reina aquí? . . . ¿En estos sitios, a esta
hora? ¿De dónde viene? ¿Qué busca? ¿Estás seguro de que es ella?

OFI. 1⁰. Sí. La reconocí bien a su pesar. Al darme el Santo y Seña
involuntariamente se descubrío el rostro. *(Indeciso)* No salgo de
mi asombro. *(Como recordando)* ¡Ah! . . . por el camino de la
barranca, es la noche de la hechicería . . . Viene de la caverna del
Mago.

OFI. 2⁰. *(Intentando ver en la dirección que llevan los embozados)* ¡Dios
la asista! ¿Sientes? . . . Corren, van allá. Se oye el susurro de sus
pasos, el crepitar de la hojarasca.

OFI. 1⁰. *(Escuchando)* Sí . . . Es el fantasma de su Majestad, guiado
por la luz de una espada.

OFI. 2⁰. Ya no se oye nada. Se ha perdido como una sombra.

OFI. 1⁰. ¡Quién podría suponer que por el camino hosco y traidor
va la persona regia, llevando en manos acaso el filtro de la
seducción, el secreto de su belleza extraordinaria o la pócima
infernal en cuyas gotas se destila la muerte! *(Cortando y ante la
proximidad de gente que llega por la izquierda)* Si aprecias en algo tu
vida, ni una palabra de todo lo que viste. A la menor indiscreción
. . . *(Aparece por la izquierda la ronda compuesta por los dos soldados
que se dirige hacia la derecha. El oficial 1⁰ da algunos pasos como
paseándose. El oficial 2⁰ canturrea una canción a media voz. El telón
cae en el mutis de la ronda por la derecha.)*

---

⁵ *de a uno*, one by one, in single file.

ACTO II

En palacio. Cámara de la Reina. Sala profunda. En cada muro un gran espejo. Puerta de batientes a la derecha.

Al levantarse el telón, La Reina, de pie, arrogante, está frente al espejo del foro, en una muda contemplación de su ser. Después de un momento, avanzará unos pasos hasta llegar a los espejos de los muros laterales que estarán frente a frente. Se mira embelesada, sonriendo de dicha.

ESCENA I

La Reina; en seguida una Dama, luego el Rey

LA DAMA. *(Entrando)* Señora . . . llega el Rey.

LA REINA. *(Algo desdeñosa)* ¿Insiste en verme?

LA DAMA. Dijo que quería veros[6] antes de partir. *(Un silencio. Después, las dos hojas de la puerta se abren hacia afuera y entra el Rey, quien, en una inclinación gentil, besa la mano que le tiende la Reina. La Dama, que se ha hecho a un lado, retrocede y hace mutis. La puerta se cierra.)*

ESCENA II

Dichos menos la Dama

EL REY. El Rey cumple su palabra, bella Margarita . . . Aun quería verte otra vez antes de vestirme para el sitio. ¿Sabes que el Castillo está por caer?

LA REINA. *(Algo fría y mirándose distraídamente en un espejo al tiempo que habla)* ¡Cuidaos,[7] Señor! El Duque es fiero. No os expongáis imprudentemente a los peligros de un asalto. ¿No estaba bien allí el intrépido Alberto?

EL REY. Sí. Pero por mi honor y para gloria de mis vasallos yo he de hacer rendir el último baluarte de la traición . . . Ha tiempo que no visto mi armadura, que no monto mi corcel de guerra. El amor me ha hecho cobarde.

---

[6] *quería veros.* Note the second person plural of the pronoun used in formal address to persons of high rank.

[7] *¡Cuidaos!* Be careful! (the regular form of the true imperative plural of *cuidarse.*

LA REINA. *(Sonriendo vanidosa)* ¡Señor! Me hacéis un honor muy grande.

EL REY. Antes de conocerte, en mis cien batallas mis armas se tiñeron de sangre. He sentido caer sobre mi cuerpo la dirección mortal de las espadas y el mandoble de los villanos. Pero los molinetes de mi espadón hicieron saltar siempre en mil pedazos los ojos de la muerte. Y en el fragor de la lucha he cantado, hundiendo hasta el pomo, enloquecido por el ansia del exterminio, pasando a la carrera de mi caballo sobre los cuerpos agónicos, confundido entre la ruina y los despojos, buscando un cuerpo firme que derribar.

LA REINA. Los trompeteros de la fama me habían hablado de vos, Señor, y os admiraba ya antes de conoceros.

EL REY. Después, los azares de una derrota me pusieron en tu camino. Había salido dispuesto a matar sarracenos, pero, más que a matar, dispuesto a morir. Mi difunta esposa parecía llamarme desde más allá de la tierra. Porque has de saber, mi bella reina, que cuando odio, odio, y cuando amo, amo. Al salir para mi última cruzada me despedí de Blancanieve en la creencia de que me despedí de mi hija para siempre. Pero Dios quiso que te conociera y todo cambió. A partir de entonces yo dejé de ser el Rey Guerrero, implacable, exterminador de infieles que pasaba su vida en las tiendas de campaña. Mi brazo perdió su rudeza primitiva y mi majestad cayó de rodillas ante el hado de tu belleza incomparable.

LA REINA. Injustamente olvidáis que soy vuestra, señor, que tenéis por esposa a la mujer más bella de la tierra.

EL REY. Pero olvidáis también que el Rey es vuestro; que todo el reino depende de tus manos; que hicieres lo que hicieres[8] no habrás de oír un reproche. Me veo reducido a la sombra de tu vida.

LA REINA. Lo decís de un modo, señor, que no sé si agradeceros vuestra pleitesía.[9]

EL REY. No, no. Perdona. Dispón a tu antojo. Vale más tu belleza que mi cetro real. Dentro de poco saldré para castigar al Duque. Lo he de coger vivo y lo traeré aquí para arrojarlo a tus pies. Te hago la merced de su vida. Y si quieres, lo mataré en tu presencia con mis propias manos. El bravucón pagará caro sus calumnias.

---

[8] *hicieres lo que hicieres*, whatever you may do.

[9] You say it in such a way that I do not know whether I should appreciate your attachment.

LA REINA. Traedlo, señor, traedlo. Ha dicho de mí cosas horrendas con el único fin de mortificaros. Desde las almenas lanzó sus injurias.

EL REY. *(A punto de irse)* Es tuyo, Margarita, es tuyo. Lo prometo. *(Inclinándose besa la mano de la Reina y sale por la derecha.)*

LA REINA. ¡Dios os proteja!

EL REY. *(Saliendo)* Y mi brazo y mi morrión. *(La Reina se inclina. El Rey hace mutis.)*

ESCENA III

Dichos menos el Rey. La Reina, al volverse de su inclinación al Rey, queda de frente al espejo del foro y abandona su aspecto ceremonioso para contemplarse. Tras un breve instante entrará la Dama.

LA DAMA. Señora, el Rey ha partido.

LA REINA. *(Sin volverse)* ¿Qué se dijo de mí hoy? ¿Oísteis algo?

LA DAMA. Alabanzas, señora, alabanzas para vuestra persona. En el paseo de hoy la Corte os rindió la admiración de siempre.

LA REINA. *(Mostrándose ante la Dama)* Y esta tarde ¿cómo os parezco?

LA DAMA. Bella como nunca. Los ojos no se cansan de miraros. Felices los que como yo tienen la dicha de veros de cerca.

LA REINA. ¿Sabéis? he de consultar el espejo.

LA DAMA. ¿No lo habéis consultado ayer?

LA REINA. No. Me venció el temor y no pude. Mi espejo mágico no miente jamás.

LA DAMA. ¿Y qué teméis, Señora?

LA REINA. Que la verdad me mate.

LA DAMA. Pero siempre la verdad os ha hecho dichosa.

LA REINA. Sí. Pero, acaso, algún día . . . Pero no. Comprendo que mi temor es infundado. Hace más de un año que cuando tomo el espejo en mis manos para interrogarlo me ahoga la angustia, tiemblo de miedo, hasta que su dulce voz me devuelve la alegría. Sí: siempre fue lo mismo. No tengamos recelos. Voy a abrir. *(Se dirige hacia un mueble.)*

LA DAMA. ¿Ahora?

LA REINA. *(Inquieta)* Sí, sí . . . Callad. *(Oprimiendo un punto en la superficie del mueble, se abre automáticamente un pequeño cajoncito. La Reina saca de él un espejo de mano que permite reflejar todo el rostro.*

El cajoncito se cierra. Recelosa, oprimiendo el espejo contra su pecho, observa en redor. Luego se echa sobre un canapé y se inclina hacia adelante, el espejo entre sus manos temblorosas. La domina la angustia y el miedo de siempre. Un silencio.)

LA DAMA. ¡Animaos, Señora, animaos!

LA REINA. *(Inquieta, ahogada la voz)* Sí, sí; callad. *(Se mira ante el espejo, lo aleja, lo acerca a su cara. Después la voz cortada por la emoción.)*
　　"Espejo mío, ¿de las hermosas
　　Soy la más bella de todas?"

EL ESPEJO. "Eres como siempre bella
　　Pero no más que Blancanieve.
　　Sólo ella vencerte puede."

　　　(Hondo silencio. La sorpresa inmoviliza a la Reina.)

LA DAMA. *(Estupefacta)* ¿Qué dice?

LA REINA. *(Bajo una pesadilla)*
　　"Espejo mío, ¿de las hermosas
　　Soy la más bella de todas?"

EL ESPEJO. "Eres como siempre bella
　　Pero no más que Blancanieve.
　　Sólo ella vencerte puede."

LA REINA. *(En un rapto de desesperación)* ¡¡Blancanieve, Blancanieve!!

LA DAMA. No puede ser. ¡El espejo ha mentido!

LA REINA. ¡Qué horrible, qué horrible! *(Al espejo)* ¡Di, espejo! . . . ¡Mientes, mientes! . . . ¿Quién más bella que yo?

EL ESPEJO. Blancanieve.

LA DAMA. No, no . . .

LA REINA. ¿Y quién más, quién más? ¿Hay muchas más?

EL ESPEJO. No más: Blancanieve. *(La Reina queda un instante perpleja. Luego, rápidamente, guarda el espejo en el mueble.)*

LA REINA. *(A la Dama)* Pronto, Juana, pronto. Traed a Blancanieve. De orden mía: conducidla hasta aquí. Esté donde esté.[10] Si se niega, arrastradla. ¡Pronto; corred, corred!

LA DAMA. Se hará como decís, Señora. *(Sale por la derecha casi corriendo.)*

———

[10] *Esté donde esté.* Wherever she may be.

ESCENA IV

La Reina quedará un instante inmóvil, con la vista perdida en el vacío. Luego reacciona y se mira ante un espejo del muro, curiosamente. Luego corre hacia el mueble donde guarda el espejito. Junto a él se detiene un segundo, vacilando. En seguida hace funcionar el resorte del cajón y saca el espejo. Lo observa fieramente. Después, vehemente, sombría, le pregunta como si se exigiera la respuesta que anhela.

LA REINA. Di, espejo mágico, responde: ¿quién más bella?

EL ESPEJO. Blancanieve.

LA REINA. *(Entre sollozos de rabia)* No . . . Responde: ¿quién más bella?

EL ESPEJO. ¡Blancanieve!

LA REINA. *(Que vacila un instante)* No, no . . . ¡Has mentido! . . . ¡Has mentido! . . . *(Desesperada se arroja sobre el canapé, llorando de rabia y despecho.)* Mientes, mientes . . . Ahora verás que mientes. *(En la ira se ha llevado el pañuelo a la boca y tira de él con una mano, convulsa, como presa de un ataque. Luego solloza débilmente, cubriéndose la cara con el mismo pañuelo.)*

ESCENA V

La Reina; luego la Dama y Blancanieve. Se abre la puerta

LA DAMA. *(Imperiosa. Desde adentro)* Entrad.

BLANCANIEVE. *(También desde adentro)* En nombre de mi padre ¿que hacéis?

LA DAMA. Entrad, entrad. *(Entran con alguna violencia, Blancanieve primero, detrás la Dama. Blancanieve llega aturdida y permanece atónita, mirando sin comprender. La Reina, al sentir su presencia se va incorporando poco a poco y la observa con una atención profunda. Blancanieve se yergue entonces con alguna altivez y las dos se observan en silencio. La Dama queda detrás de Blancanieve, cerrando la salida.)*

BLANCANIEVE. *(Algo tranquila)* Señora, ¿qué queréis?

LA REINA. *(Como si descubriera algo grande. Sin quitar los ojos de Blancanieve.)* No ha mentido, el espejo no ha mentido. ¡Es verdad! . . . ¡es verdad! . . . *(Blancanieve inclina la cabeza.)* Miradme, Blancanieve, miradme. *(Blancanieve obedece.)* Sí . . . dijo la verdad. *(Tras una breve pausa)* Pero no . . . *(Riendo nerviosamente)* todavía no . . . *(A la Dama)* Quitadle la diadema. *(La Dama adelanta un paso hacia Blancanieve. Esta, sorprendida y atemorizada, retrocede. La Dama no se anima a avanzar. La Reina, nerviosa, levanta la voz.)* Quitadle la diadema. *(La Dama avanza hacia Blancanieve. Esta opone sus brazos, pero la diadema cae al suelo. La hermosa cabellera de Blancanieve se suelta y cubre las espaldas llegando hasta más abajo de la cintura. La Reina permanece atónita, encontrando a la princesa más bella todavía.)* Pero no, no . . . ¡Quitadle ese collar, quitadle esos brazaletes . . . apagad esa luz! *(La Dama va cumpliendo las órdenes a medida que las recibe. Blancanieve no opone resistencia alguna. La Reina la encuentra más bella aún.)* Pero no, no . . . quitadle ese manto . . . desgarrad ese encaje . . . destrozad, destrozad . . . *(La Dama cumple las órdenes. Manto, encaje, joyas, todo lo que puede hermosear a la princesa va despareciendo. Queda vestida apenas, desgarradas las vestiduras. Permanece inmóvil, erguida, pero sin orgullo, reducida a su sencillez más pura. La Reina la encuentra más bella todavía. Entonces, en un grito sordo, ordena.)* ¡Quitadle la vida, quitadle la vida! *(La Dama avanza un paso hacia Blancanieve, pero se detiene, sin saber qué hacer. La princesa retrocede hasta el muro izquierdo.)*

BLANCANIEVE. *(En un grito angustioso ante la Reina que avanza hacia ella)* Padre mío . . . ¡salvadme!

LA REINA. *(Avanzando, enloquecida)* ¡Blancanieve, has de darme tu vida, quiero tu vida, quiero tu vida!

BLANCANIEVE. *(Horrorizada)* ¡Padre mío, padre mío!

Telón rápido

[Todo el mundo conoce el cuento de Blancanieve, cómo la ayudaron los siete enanos, cómo llegó el Príncipe, y cómo triunfaron al fin sobre la mala Reina.]

Antonio Acevedo Hernández

Angelica

Antonio Acevedo Hernández, winner in 1936 of the Premio Municipal del Teatro for his dramatic legend *Camino de flores*, ranks among the best of Chilean dramatists. He belongs to the group of writers who have initiated what is called the popular current in the Chilean theater: most of his plays are concerned with the common people, are written in their language, and express the author's protests against the evils of existing social and economic conditions. To this classification belongs the play generally considered his masterpiece, *Almas perdidas*, although Acevedo Hernández says of his *Caín*, "*Representa la flor de mi esfuerzo.*"

This dramatist is fond of writing what he calls cycles of plays that present various aspects of suburban and rural life. *Almas perdidas*, *Carcoma*, and *Espino en flor* form a trilogy which emphasizes spiritual themes. Another cycle, treating of country life from various viewpoints, includes *Por el atajo*, *La canción rota*, *En el rancho*, and *Arbol viejo*. Five plays, *Los payadores*, *Joaquín Murieta*, *Chañarcillo*, *La cruz de Mayo*, and *Las brujas*, compose a cycle based on tradition. *Joaquín Murieta* (1936) find its inspiration in the exploits of a famous Chilean bandit who figured in the California "gold rush" and in our days has played a rôle in the movies.

Acevedo Hernández has also written novels and books describing the landscape and national life of Chile. Probably the best of the latter type is *El libro de la tierra chilena* (1935), which deals with the folklore, songs, proverbs, people, landscape, and certain cities of the republic.

Among the numerous works of Acevedo Hernández not already mentioned, the following are well known and warmly praised: *El torrente, Piedra azul, Manuel Luceño, Cantores populares chilenos, El inquilino, La peste blanca, Irredentos, Homicidio, Cardo negro, La trilla, El rodeo, Canción, Las ramadas, Los luminarios de mayo, Cuando la tierra soñaba, Angélica, Ha salido el sol, El milagro de la montaña, De pura cepa, Un 18 típico, Mujer, El gigante ciego, Degenerado,* and *Cabrerita.*

Acevedo Hernández is of a romantic and rebellious temperament opposed to the *costumbrista* trend in the Chilean theater fostered by dramatists like Juan Rafael Allende.

Angelica

Drama en tres actos

PERSONAJES

Angélica, la esposa
Daniel, el esposo de Angélica
Alberto, un amigo
Enriquito, el hijo de Angélica y Daniel
Celia, la criada
El abuelo

La acción en Santiago. Época actual.

ACTO I

Sala de trabajo en casa de Daniel. Dormitorio, estantes, tapices, jarrones, flores, cuadros, estatuas. Puerta y ventanal a la derecha; por el ventanal se penetra en el jardín. Puerta a la izquierda que da a la alcoba, el foro al pasillo que va a la calle.

Al levantarse el telón Daniel trabaja abstraído en su máquina de escribir; luego arregla y ordena papeles.

VOZ DE ENRIQUE. *(Dentro izquierda)* ¡Papá, papacito! Yo quiero ver a mi papá.

VOZ DE CELIA. *(El aya, dentro)* Su papá está trabajando; y es muy temprano para que se levante.

VOZ DE ENRIQUE. Yo quiero ir no más, yo quiero ir.

VOZ DE CELIA. No despierte a la mamá.

VOZ DE ENRIQUE. Yo quiero trabajar con mi papá.

(Enrique, niño de seis años, aparece en camisa de dormir, seguido de Celia.)

CELIA. Ya lo ve, señor, no lo pude sujetar. *(Al niño)* Venga a la cama, su mamá se va a enojar, le va a pegar.

ENRIQUE. ¿Cierto que no, papá?

DANIEL. Cierto, mi hijo. Pero ¿por qué se vino para acá?

ENRIQUE. Yo quiero estar aquí, papá.

DANIEL. Tráigale su abrigo, Celia. *(Celia se va.)*

ENRIQUE. Y no me quiso poner el abrigo.

DANIEL. ¿Es que quieres estar conmigo? Tú no sabes escribir.

ENRIQUE. Sí sé, papá . . . *(Pausa)* Papá, yo quiero hacer caballitos. *(Saltando sobre sus rodillas)* Papá, cómpreme un caballo.

DANIEL. Le voy a comprar un caballo.

ENRIQUE. *(Bate palmas y salta.)* ¡Qué bueno, qué bueno! Ningún chiquillo tiene caballo. Cómpreme dos, mejor. ¿Ya?

DANIEL. Bueno.

ENRIQUE. Grandes, grandes . . . así como el gato.

DANIEL. Serán más grandes; más grandes que el gato.

ENRIQUE. Papá, cómpreme el cielo.

DANIEL. Te lo compraré.

ENRIQUE. A mi mamá cómprale un caballo bien grande . . . así como la casa.

DANIEL. Se caería la mamá.

ENRIQUE. No, no caería. A mi mamá le gusta el cielo. Cómprale el cielo.

(Ha entrado Celia mientras habla y se ha quedado escuchando.)

DANIEL. ¿Qué haces ahí, Celia, con la boca abierta? Ponle el abrigo al niño.

CELIA. Estaba oyendo lo que decía. *(Obedece mientras habla)* Ayer dijo que quería que yo me casara con el Capitán.[1]

ENRIQUE. Es bien bravo; así hace: *(Imita al perro)* Así . . . *(Risas)*

DANIEL. Pero las mujeres no se casan con perros.

ENRIQUE. ¿Esta es mujer?

DANIEL. Sí, es mujer.

ENRIQUE. ¿De veras?

DANIEL. Sí. ¿Tú la quieres?

ENRIQUE. Sí.

DANIEL. Andate con ella; más tarde el abuelo te llevará a pasear.

ENRIQUE. *(Palmoteando)* Vísteme, Celia, con mi ropa de general. Así como le gusta a mi abuelo.

CELIA. Bueno. *(Se lo lleva por la izquierda. Daniel sonriendo fija la vista por donde ha salido Enrique y vuelve a su trabajo.)*

ENRIQUE. *(Dentro)* Papá, papá.

DANIEL. ¡Hijo, hijo!

ENRIQUE. ¿Es mujer el abuelo?

DANIEL. No.

ENRIQUE. ¿Es papá?

DANIEL. Sí.

(Angélica en traje de deportes llega de la calle corriendo muy algre.)

ANGÉLICA. Daniel, mi viejo. ¿Escribiendo?

DANIEL. Pero tú . . . ¿no estabas en casa?

ANGÉLICA. Esa era la creencia general; pero yo me había evadido. He jugado al tenis toda la mañana con Alberto.

DANIEL. ¿Alberto? ¿Llegó Alberto?

ANGÉLICA. Estuvo ayer e hicimos el convenio: él me raptaría.

DANIEL. En realidad, a Alberto no le desagradaría raptarte.

ANGÉLICA. Claro; aún no olvida que le di calabazas en provecho tuyo. Él se consideraba seguro. Era joven y rico, y había hecho las más expresivas locuras por mí. Me hablaba de las playas de moda de Europa; de lunas de miel en pleno trópico, en aeroplano o en yate tripulado por nosotros dos y servidos por criados de todos los colores imaginables . . . y cacerías en el centro del Africa y mil otras barbaridades.

DANIEL. ¿Alberto es muy rico?

---

[1] *El Capitán,* the family dog.

ANGÉLICA. Heredó a unos tíos terribles que tenían una[2] de millones que daba miedo.

DANIEL. ¿Y por qué no te casaste con él?

ANGÉLICA. El no era el hombre a quien yo debía admirar, a quien yo debía tomar a lo serio. El hombre completo, el hombre, en fin, que una mujer debe procurar encontrar. Alberto es bueno para amante; pero no para esposo . . . Pero no creas que lo haya sido mío[3] . . . no lo creas.

DANIEL. ¿Por qué te casaste conmigo, siendo yo viejo?

ANGÉLICA. Tú te me presentaste en una época de grandes crisis. Mi padre estaba en la guerra. Ese caballero está siempre en la guerra, así sean[4] los pigmeos los que pelean; lo principal para él es encontrarse en la acción.

DANIEL. ¿Qué circunstancias excepcionales obraron? Yo apenas te conocía . . .

ANGÉLICA. Yo hacía una mala temporada teatral; había tenido dificultades muy serias con mi empresa y con mi director . . . imposiciones de aquellas que una mujer como yo no debe aceptar. Merodeaban mil pretendientes; unos que deseaban desposarme y otros que querían comprar a toda costa un momento mío. Yo no tenía dinero. Y . . . bueno, estaba en la edad peligrosa. Entonces leí un libro tuyo sobre la mujer, y me dije: Si este hombre es sincero en sus apreciaciones, será sin duda el esposo ideal.

DANIEL. Jamás pude atribuir tan grande importancia a mi libro.

ANGÉLICA. Empecé. Yo había cargado sobre mi vida el estigma de ser actriz de teatro, que, según las opiniones, es ser una horizontal sin recato ni pudor, en fin . . . una cómica. Era la primera vez que leía opiniones de ese género, y me dije: Sólo este hombre debe comprenderme. Y te imaginé patriarcal, rodeado de tu familia y de una amantísima mujer; no juzgué que pudieras estar soltero.

DANIEL. Sin embargo lo estaba. Desde hacía años soñaba con una mujer que tuviera vida propia; que me diera un hijo de nuestros dos anhelos, un hijo que fuera un individuo dentro de la vida y de la evolución, un hijo a quien amar de una manera total. Quería conocer ese gran amor, quería conocer la suavidad del hogar y

---

[2] *una de millones,* una fortuna de millones; *que daba miedo,* frightful.
[3] *que lo haya sido mío,* that he has been mine (lover).
[4] *así sean . . . pelean,* though the fighters may be of no consequence.

temía que las mujeres no me comprendieran y quisieran abusar de mis ideas para manchar mi hogar con la mentira y con la traición. Buscaba una mujer que hubiera vivido entre las acechanzas y que a fuerza de defenderse hubiera adquirido personalidad.

ANGÉLICA. Un día nos conocimos. Me dijeron: Es el autor del libro que tanto te gusta. El corazón quería saltárseme del pecho . . . ¡Cómo te amé! ¡Cómo te amo!

DANIEL. Fué una boda relámpago. Tres días después de conocernos nos casábamos: un loco con una actriz.

ANGÉLICA. Mis amigas decían que me había enterrado en vida, que tú me matarías de celos y que serías tan soso.

DANIEL. Los míos decían que tú me arrastrarías hasta los más bajos fondos de la deshonra.

ANGÉLICA. ¿Me amas?

DANIEL. ¿Y tú?

ANGÉLICA. ¡Mi gran viejo! ¡Como te admiro, eres un grande hombre y harás cosas enormes! Tanto como al hombre amo la obra.

DANIEL. ¡Angélica! (*Un gran abrazo que tiene amor y admiración*) ¡Cómo pude yo soñar que la vida me depararía un tesoro de mujer como tú! ¡Cómo no enloquezco de placer!

ANGÉLICA. Yo, la mujer de un hombre célebre, de un hombre que pesa en la conciencia del mundo, yo ayudándole a moldear su obra, siendo parte de esa obra que admira el mundo . . . ¡Yo, la loca, la que todos querían comprar, yo la cómica! ¡Daniel, cómo te adoro, cómo vivo tus palpitaciones!

ENRIQUE. (*Apareciendo*) ¡Mamá mala, no venía nunca!

ANGÉLICA. Mi tesorito querido, mi almita, mi visioncita, mi perrito de lanas, mi hombrecito, mi dulzura, mi cielito . . . (*Lo acaricia*) Nuestro hijo, Daniel, nuestro hijo . . .

DANIEL. El milagro realizado. El milagro hijo del ansia de ser y de amar. Mi hijito.

(*El abuelo aparece con dos sables de madera.*)

ABUELO. Soldado Enrique, venga a hacer su ejercicio diario.

ENRIQUE. Mi papá me va a comprar dos caballos grandes así como el gato y otro más grande para ti.

ABUELO. Soldado Enrique, no se haga repetir las órdenes.

ENRIQUE. Ya voy, abuelito.

ABUELO. A éste no me le quitarán. No harán de él una mujercilla de esas que mueren de miedo cuando huelen la pólvora. La pólvora es el perfume de los dioses.

ENRIQUE. Abuelo, después del ejercicio ¿me llevarás al río?

ABUELO. Y al mar y donde quieras. *(Mutis con Enriquito)*

DANIEL. El milagro . . . *(Acaricia intensamente a Angélica. Ella se sienta sobre el escritorio y él se dispone a trabajar.)*

ANGÉLICA. ¿Te acuerdas de los primeros libros que escribiste después de casados?

DANIEL. Sí. Y tú colaborabas con besos.

ANGÉLICA. ¿Qué libros más pasionales eran, recuerdas?

DANIEL. Sí, muy pasionales; llenos de nuestras dos almas.

VOZ DENTRO. No me anuncie, hombre, no me anuncie, soy de la casa.

ANGÉLICA. Es Alberto.

(Sale Alberto en traje de montar.)

ALBERTO. ¡Hola! *(Abarcando la escena)* Pero esto es escandaloso. Ya van seis años de luna de miel. Yo creía que estarían divorciados y vine por la emancipada.

DANIEL. ¡Alberto! *(Lo abraza.)*

ALBERTO. Sin embargo veo que permanecéis tan idílicos como antes. Y tan consecuentes con vuestras ideas, digo con las tuyas . . . Pues has de saber que esta mañana tuve el honor de raptar a tu esposa.

ANGÉLICA. ¡Qué loco es este Alberto! Creo que no le faltan malas intenciones. Me habló largamente de una gran variedad de paraísos que se le ha ocurrido que debo disfrutar a su lado.

ALBERTO. Algo he viajado. En todas partes me alcanzaba tu vida en tus libros. Se te discute[5] ferozmente. Se dicen horrores de ti. Estás considerado como un enemigo de las Patrias . . . como una mala persona. Hoy, sin ir más lejos, alguien te ofendió como autor y tuve que adornarlo con una bofetada.

ANGÉLICA. Fue delante de mí, Alberto. Se concibe que te discutan lejos; pero en tu Patria . . .

DANIEL. Siempre las patrias han sido las más funestas madrastras.

ALBERTO. Te encuentro amargado. Antes tenías ideas lapidarias.

---

[5] *Se te discute.* You are discussed.

¿Te acuerdas de aquel ministro que acostumbraba pasearse llevando las manos atrás? Del que dijiste un día . . .

ANGÉLICA. Que paseaba con las manos en el cerebro.

ALBERTO. Otra vez dijo de un dibujante que cuando se enfermara de los pies dejaría sitio a otro . . . Eres . . . o estás en camino de la popularidad.

DANIEL. Mis libros se venden al peso.

ALBERTO. Supe que habías estrenado una comedia.

ANGÉLICA. Yo se la estrené, se la creé. ¡Lo que me aplaudieron![6] Me hubieras visto.[7] Habrías inventado el octavo pecado capital para tentarme.

DANIEL. En efecto, ella supo interpretar mi pensamiento. Como el drama era de los dos.

ALBERTO. ¿Te aplaudieron?

DANIEL. Sí, desgraciadamente.

ALBERTO. ¿Por qué dices desgraciadamente?

DANIEL. Porque el público lo aplaude todo.

ALBERTO. ¿Tienes discípulos?

ANGÉLICA. Que me hacen el amor . . . artísticamente.

DANIEL. Mala lengua.

ALBERTO. Pero es que el que no le haga el amor a Angélica tiene que ser un pajarraco inconcebible, algo ambiguo . . . una cosa sin aristas.

ANGÉLICA. Según eso, ¿tú me lo seguirás haciendo?

ALBERTO. Claro.

DANIEL. Muy bien. Seremos rivales.

ANGÉLICA. No te honra la rivalidad de este señor que sólo sabe malgastar el dinero.

* * *

LA VOZ DEL ABUELO. La marcha se rompe con el pie izquierdo: un, dos . . . un, dos . . . un, dos . . .

(Salen derecha Enrique y el Abuelo. Enrique marcha como lo indica el diálogo.)

ABUELO. Un, dos . . . un, dos . . . un, dos . . . ¡alto! ¡a dis . . . cre . . . ción! Muy bien. Muy luego le voy a otorgar su primer grado. Soldado Enrique, abrace a su abuelo.

---

[6] *¡Lo que me aplaudieron!* How I was applauded!
[7] *Me hubieras visto.* You should have seen me.

ENRIQUE. ¡Abuelito! *(Lo abraza.)*

ABUELO. Mi hijito, no sé por qué en este momento, al abrazarlo, me da tal angustia; lo tengo en los brazos, y me parece que está muy lejos.[8]

ENRIQUE. ¿Voy a jugar un rato?

ABUELO. Vaya, mientras le prepararé su boca de fuego para que haga un poco de tiro al blanco. *(El niño se va corriendo por la derecha. El abuelo lo contempla embobado. Pausa. Se va por la derecha.)*

* * *

(Aparecen el Abuelo y Enrique armado y vestido de militar.)

ABUELO. ¡Alt! *(Enrique se detiene.)* ¡Descansen arm!

ANGÉLICA. Venga mi pequeño héroe a besar a su madre.

ENRIQUE. ¡Mamacita! *(Hace ademán de ir.)*

ABUELO. Soldado Enrique, no quiebre la disciplina. Antes de tener permiso no puede usted abandonar las filas.

ENRIQUE. Mamacita, el abuelo no quiere.

DANIEL. Venga, mi hijito; su abuelo es un viejo chocho.

ABUELO. Si eres caballero me darás explicaciones. ¿Qué significan esas expresiones?

DANIEL. Y usted debe decirme hasta cuándo le enseña tonterías al niño.

ANGÉLICA. Ya, padre. ¿No ve que Daniel tiene razón? Usted ha monopolizado al niño.

ABUELO. Soy un viejo militar; vivo en su vida mis pasados instantes de ilusión. Ese niño es para mí más que la vida. No deben quitármelo; ustedes tienen su amor, sus estudios; yo, nada más que los recuerdos y las ingratitudes de la patria que serví.

ANGÉLICA. ¡Padre! *(Lo abraza.)*

DANIEL. Abuelo, perdón, se lo pido de todo corazón.

ENRIQUE. Abuelito, yo quiero ser Napoleón.

ABUELO. ¿Lo oyen? Está viva en él la gran idea: quiere ser un libertador.

CÉSAR.[9] ¿No hay peligro en que el niño use armas de fuego?

---

[8] This speech of the grandfather foreshadows the coming catastrophe.

[9] *César*, a friend of the family who has dropped in. His question is further foreshadowing.

ABUELO. Si éste no es un niño; es un hombre. Echa puras famas; impacto por tiro. Ganará a los siete años los concursos de tiro de pichón. Vengan si quieren verlo apuntar.

* * *

ALBERTO. ¿Quién dispara?

ANGÉLICA. Es Enrique que se está ejercitando en el tiro al blanco.

ALBERTO. Voy a verlo. *(Mutis. Daniel se acerca a Angélica. Está contrariado.)*

ANGÉLICA. ¿Qué te pasa?

DANIEL. Me siento fatigado; no podré trabajar como lo deseaba. Estoy más viejo de lo que parezco. El trabajo se me ha echado encima y me está haciendo daño. Creo, querida Angélica, que el cerebro va a decorar al hombre, va a disolver todas las demás facultades. Creo que . . . en fin, ya veremos.

ANGÉLICA. ¿Crees que tus cualidades superiores disolverán a las inferiores? Será un contratiempo para la vida; pero no lo creo capital.

DANIEL. Es que tú eres joven y no alcanzas a comprender la magnitud del fenómeno. Eres una mujer plena, hecha para gozar de la vida en todos sus aspectos. Y yo no puedo . . . podría consagrar a satisfacer tus deseos de amor la vida que me queda; pero tendría que abandonar mi obra. Y a ella nos hemos consagrado. Y cualquiera causa que me sacuda cruelmente me hace daño.

ANGÉLICA. Tú me has dicho que soy una mujer capaz de comprenderte; ha llegado la hora de la prueba. Me dedicaré a nuestro hijo y me consolaré amándolo a él de lo que me quita la vida. Nuestro hijo, el milagro hecho ser. *(Lo abraza.)*

DANIEL. Jamás creía que llegaría a tener un hogar con un hijo y una mujer como tú. Era tan difícil para mí encontrar una mujer; pero la tengo abnegada; mi sueño es realidad. Soy feliz. Una esposa, un hogar, un bello hijo. *(Nuevos tiros. De pronto se oyen gritos de angustia.)*

ANGÉLICA. ¡Señor! ¡Qué ha sucedido, señor! *(Se lleva las manos al corazón.)* ¡Vamos a ver, vamos!

(El Abuelo, llorando con el niño en brazos. Luego los demás.)

ABUELO. Fue un accidente . . . Un accidente. *(Angélica le arrebata el niño.)*

ANGÉLICA. Mi Enrique . . . Mi hijo herido . . . Mi hijito querido. Mi hijo . . . *(Se sienta a examinarlo.)*

CÉSAR. ¡El médico! *(Corre por el foro.)*

ABUELO. Angélica, perdón.

DANIEL. *(De rodillas acariciando a su hijo)* Herido, muerto tal vez. Ha sido una bofetada del destino.

ANGÉLICA. Ya no le oigo . . . No. Ya no late . . .

TODOS. ¡Muerto! *(Angélica se desmaya.)*

DANIEL. *(Levantándolo en alto)* La naturaleza no me lo dará otra vez. Me quedaré solo . . . Solo . . . *(Llora en silencio teniendo al niño en brazos. Los demás han atendido a Angélica.)*

[Después de la muerte del niño, Daniel siente que no le quedan fuerzas para seguir trabajando, se siente cada día más viejo, y llega a creer que está sacrificando a Angélica, que debe librarla para que ella siga la vida normal de una joven. Entretanto Alberto hace el amor a Angélica y trata de persuadirla a pesar de sus repetidas negativas que huya con él dejando solo al pobre Daniel. En su desesperación Angélica llama a un criado y le manda acompañar a Alberto al retirarse éste.]

ACTO III

DANIEL. ¿Quieres que nos separemos?

ANGÉLICA. ¿Nos . . . separemos?

DANIEL. Nunca lo has pensado con seriedad.

ANGÉLICA. Con seriedad, ¿qué quieres decir?

DANIEL. Eso lo sabes tú. Tú sabes que nuestra vida está llena de sombras, de sacrificios. Tú sabes que yo no existo. Sé que no volveré a tener de nuevo mi hijo y yo estoy convencido de que no merezco el sacrificio de nadie y mucho menos de la mujer que me ha hecho vivir las más hermosas realidades de mi vida y que hoy me teme como a una sombra funesta.

ANGÉLICA. ¿Temerte a ti?

DANIEL. Me ha dado cuenta de que no debo terminar a tu lado la jornada, porque aunque pudiera cumplir sacrificando mis últimos esfuerzos, no lo haría. Necesito las palpitaciones que me restan para terminar mi obra y no morir desesperado. Mi heroísmo consiste en conservar la vida.

ANGÉLICA. Y también el mío . . .

DANIEL. Yo, Angélica, sé mucho de la vida. Es mejor que prescindas de mí. Separémonos. Tú irás donde tu anhelo te conduzca, y yo . . . yo merezco lo que me pasa . . . Antes no supe tener a mi lado a una mujer amante y ahora no debo encadenar a una gran mujer que sabe del dolor y del amor. Separémonos.

ANGÉLICA. Daniel, veo en tu semblante el dolor que te causa esta determinación. Tal vez antes . . . te habría abandonado; ahora, después de oírte sería una claudicación. Yo seré tu compañera hasta cuando *sea necesario.*

DANIEL. Angélica, no puedo sacrificarte. Si te quedas, seré para ti el esposo; será a costa de mi vida; pero lo seré. Dejaré ese arte egoísta que me ha quitado la vida. Me consagraré hasta morir, ¿quieres? Tú lo mereces todo, por eso te ofrezco mi sacrificio máximo.

ANGÉLICA. *(Con anhelo)* Daniel, gracias. *(Lo abraza y besa pero retrocede aterrada.)* ¡Qué hielo! ¡qué hielo!

DANIEL. El escaso calor que me resta está en el cerebro. Soy viejo Angélica, tú lo sabes y sabes también por qué soy viejo.

ANGÉLICA. Daniel, me das miedo. Creo que te irás pronto empujado por los dolores que yo te causo. Si yo no existiera tu vida sería plácida, sería . . . la que debe de ser . . . Perdóname que te haga sufrir, que cause tu terrible hielo y tu muerte.

DANIEL. Mis mejores obras, mi florecimiento te los debo a ti. Mi mejor obra está basada en mi dolor último, en el bello tormento de mi alma en pugna con mi carne . . . Soy lo que soy por ti. Y jamás te he amado tanto como ahora.

ANGÉLICA. ¡Daniel, sigue!

DANIEL. Tú eres para mí el que trae la buena nueva, se detiene a la vera del camino y después de encantar se aleja dejando en las mejillas riego de lágrimas y en el corazón una esperanza.

ANGÉLICA. Pero yo no marcharé. La buena nueva . . . quisiera serlo siempre. *(Pausa)* Quise alejarme para quitarte la pesadumbre de la hora final. Yo amo en ti la obra, la palpitación suprema.

DANIEL. Abrázame.

ANGÉLICA. *(Abrazándole)* ¡Daniel!

DANIEL. Dime una frase de pasión, despiértame, dame una vez más el ansia inmensa de amarte hasta más allá de la vida. Sé la mujer que tanto he amado, la que armonice para siempre mi vida.

ANGÉLICA. Te he amado tanto . . . Tuyo fué mi hijo, mis primeros delirios, la flor de mi vida que tú trataste de inmortalizar.

DANIEL. Pero que vientos de dolor, rachas frías han ido deshojando para mí. Me besas como se besa una estatua que se admira. El viejo maestro ya no es hombre. *(Cruza las manos sobre su corazón y parece que trata de ocultar el llanto.)*

(Llaman al teléfono. Daniel va a atender.)

DANIEL. ¡Aló! Sí . . . Con Daniel, sí. ¡Ah! ¿Que a Julio, a mi secretario le han atropellado y que está en la comisaría? Voy. *(A Angélica.)* Me dicen que le ha pasado algo desagradable a Julio y debo ir a defenderlo. *(Mutis)*

ANGÉLICA. No tardes porque tengo mucho miedo.

DANIEL. Volveré muy pronto. Si yo no puedo estar lejos de ti.

[Entra Alberto amenazando asesinar si Angélica no se va con él. Ella parece consentir, diciendo: Anda tú delante y me esperarás. Se va Alberto. Angélica entra a su habitación y dentro de poco se oye un tiro. La infeliz mujer se ha matado para escaparse de la dificil situación en que se encontraba.]

(Daniel sale por la puerta del foro y se dirige a la silla de Angélica.)

DANIEL. Se habrá ido a descansar. *(Se dirige a la puerta derecha que Angélica ha cerrado al hacer mutis y llama con los nudillos: habla)* ¡Angélica, Angélica! No contesta . . . Estará durmiendo. Hasta mañana y que seas feliz. *(Se dirige a la izquierda, vuelve de nuevo, alcanza a poner la mano en la cerradura de la puerta derecha pero desiste y se dirige suavemente para no hacer ruido por la izquierda. Lentamente cae el telón.)*

Carlos Sáenz Echeverría

El estudiante

CARLOS SÁENZ ECHEVERRÍA, born in Bogotá in 1835, studied literature, philosophy, and law in the National University there, receiving his degree in 1871. In this institution, he later taught civil and Roman law, as well as geography and the history of Colombia. In his official and political life he was a judge in the criminal courts of the state of Cundinamarca, a circuit judge of Bogotá, a member of Congress, head of the Department of Public Instruction, Secretary of State, and Secretary of the Colombian Legation and Chargé d'Affaires in Santiago de Chile, where he died in 1893.

The reputation of Sáenz Echeverría in Colombian letters rests mainly on his poetic works. Besides his verses which appeared in numerous periodicals, a volume entitled *Poesías* was published by his widow in Paris in 1907. His dramatic production consists of three zarzuelas: *Similia Simílibus*, *El estudiante*, and *Don Panchito*. A long, historical legend, *Los piratas*, published in Santiago in 1891, completes his literary output.

A characteristic note of the farces of Sáenz Echeverría is a delightful sense of humor, a love of clean fun, light and superficial, but genuinely human. It appears, for example, in the opening verses of *Similia Simílibus*, where a village girl says, "There are fickle hearts

that are like the moon: they wax and wane, but they produce no heat."

El estudiante, an entertaining musical comedy, is included in this text not because it is an important example of Colombian literature or the work of an outstanding writer, but because it possesses some remarkably familiar twentieth-century touches characteristic of our own college life "Boys will be boys," eh? The singing by individuals and choruses interspersed through the play is a delightful and up-to-the-minute procedure in comic performances.

The metrical variety of the play is limited. Most of the zarzuela is in eight-syllable verses, with the even lines rhyming. At more serious moments, an eleven-syllable verse appears, first when Juanito (Act I, scene IV) is meditating sadly on having to go to school, again when a monologue by Juanito (Act II, scenes III and IV) is interrupted by bill collectors, and when his examinations begin (Act III, scene III). The four-syllable lines in Act I, scene III, are merely halves of the regular eight-syllable verses they accompany.

El estudiante

Zarzuela en tres cuadros

PERSONAJES

Don Pepe, padre
Doña Pepa, madre
Juanito, hijo
Melchora, cocinera
Peones, estudiantes, profesores, etc.

El primer cuadro pasa en un pueblo, y los dos últimos en Bogotá.

CUADRO I

ESCENA I

Sala modesta en una casa de pueblo. Doña Pepa, vieja de sesenta años, aparece sentada, hilando. Se levanta y mira por una ventana.

DOÑA PEPA.

¡Ya es tarde, y Pepe no viene!
¡Si algo le habrá sucedido![1]
Montó y desde esta mañana
cogió el pobre su camino
para llevar los almuerzos
a los peones. . . . ¡Pobrecito!
Como una mula de carga
trabaja tan de continuo
que cae a cama un día de éstos
enfermo de un tabardillo,
o me lo mata un caballo,
porque es mi Pepe atrevido
para montar . . . Pero escucho
de herraduras el ruido.
¡Ya está aquí!

(*Llega don Pepe, viejo de sesenta años, robusto, vestido de orejón, zamarros con espuelas, un garrote de guayacán en la mano.*)

ESCENA II

Don Pepe, Doña Pepa. Después un coro de peones

DON PEPE.

(*Abrazando a doña Pepa*) ¡Querida Pepa!

DOÑA PEPA.

¿Qué tal, mi viejo querido?
¡Debes estar muy cansado!
¡Si tienes el cuerpo frío!

DON PEPE.

¿Yo cansado? ¡ni por pienso!
Eso es para jovencitos
que usan botas de resorte
y montan de quiribillos. (*Cantando*)
Yo soy fuerte como el palo,
como el palo guayacán;
el trabajo me endurece,
fuerza los años me dan.
Con sesenta en las costillas,[2]

---

[1] *¡Si algo le . . . sucedido!* I wonder if something has happened to him! Future of probability or conjecture.

[2] *Con sesenta en las costillas.* With sixty years on my back.

domo un potro con primor,
y si un toro se me encara
soy un diestro toreador.

DOÑA PEPA.　Para dar a tu Juanito
una buena educación,
no excusas trabajando
de coger el azadón.

(Entra un coro de peones, con picas, barras, etc.)

DON PEPE.　Mas los peones ahora llegan;
hay que darles su ración
y, muchachos al trabajo
y aprender de su patrón.

(Les reparte la plata.)

CORO DE PEONES.　El es fuerte como el palo,
como el palo guayacán:
el trabajo lo endurece;
fuerza los años le dan. *(Se van los peones.)*

ESCENA III

Don Pepe, Doña Pepa, Juanito

Ven acá, Juanito, y siéntate;
mucho te tengo que hablar,
pues he resuelto[3] te marches
a estudiar a Bogotá.

JUANITO.　¿Hoy mismo?

DON PEPE.　　　　Calla y escucha;
después podrás replicar,
mas sin hacer objeciones,
pues todo arreglado está.
Quiero que seas mañana
todo un doctor.

DOÑA PEPA.　Que sepas aritmética
y religión.

---

[3] Note the omission of *que* to introduce the dependent clause after *he resuelto* and of the preposition *a* before an infinitive after *aprendas* ten lines below. These omissions are probably for metrical reasons.

DON PEPE.	Que aprendas decir misa, tocar violín.
DOÑA PEPA.	Hacer buenos discursos y hablar latín.
LOS DOS.	¡Ay qué gusto, qué alegría cuando vuelvas de estudiar, y que sepas teología como el cura del lugar!
DOÑA PEPA.	La maleta de estudiante voy a hacer sin dilación.
DON PEPE.	Yo voy a vender dos vacas para pagar la pensión.
LOS DOS.	¡Ay, qué gusto, qué algería cuando vuelvas de estudiar, y que sepas teología como el cura del lugar!

ESCENA IV

Se van los padres. Juanito queda pensativo; después Melchora

JUANITO.	¡Pues señor, es curiosa esta manía! yo que he sido tan libre noche y día, me mandan a encerrar como a un ternero, y quieren que yo estudie un año entero . . . En fin . . . estudiaré . . . porque es preciso a la orden de sus padres ser sumiso . . . *(Llorando.)* ¡Adiós, pueblo querido, adiós Blasina, la hija de la ventera de la esquina! ¡Mis zuros, mis gallinas y mis gallos, mis perros, mis amigos, mis caballos, adiós! *(Entra Melchora.)*
MELCHORA.	*(Cantando)* Pero, mi amito, ¿por qué llora?
JUANITO.	¡Me voy a Bogotá, mamá Melchora!
MELCHORA.	Don Juanito de mi vida, no se aflija sumercé, y a su pobre y triste vieja

no la olvide en Santafé.[4]
Los cachacos peripuestos
su cariño le darán,
y verá muy buenas cosas
que le gusten, amo Juan.
El telégrafo, Bolívar[5]
y la iglesia Catedral,
los doctores del Gobierno
y la Guardia nacional.
Don Juanito de mi vida,
no se aflija sumercé,
que verá cosas bonitas
cuando llegue a Santafé. *(Lo abraza.)*

Escena V

Los mismos, y don Pepe, que llega trayendo un cubilete viejo, un sombrero y una casaca, y doña Pepa una maleta con ropa.

DON PEPE.　　　　A sacarme un lobanillo
el año de treinta y cuatro
tuve que ir a Santafé
en donde estuve medio año;
allí compré estos vestidos
que nuevos se me quedaron
y que le pueden servir
a Juanito. ¡A ver, muchacho!

(Le pone el cubilete, que se le entra haste los ojos, y la casaca, que está enorme.)

　　　　　　　　¡Endereza la cabeza!
　　　　　　　　¡Te queda pintiparado![6]
JUANITO.　　　　¡Tal vez un poquito grande!
DOÑA PEPA.　　　Con papeles lo arreglamos.
　　　　　　　　　　(Le pone unos papeles.)

---

[4] *Santafé.* The official name of Bogotá is Santa Fe de Bogota.
[5] *Bolívar.* She means the statue of Bolívar in Bogotá.
[6] *Te queda pintiparado.* It fits you to a T.

DON PEPE.	¡Superior! Ahora el chaleco. *(Se lo pone.)*
	¡Muy bien! Ahora ponte el saco.
	(Le quedan las mangas larguísimas.)
JUANITO.	¡Pero las mangas! . . .
DON PEPE.	¡No importa!
	En esto las recortamos.
MELCHORA.	¡Caramba, que don Juanito
	tiene el aire de un cachaco:
	queda lo mesmo que el cura
	cuando se quita los hábitos!
JUANITO.	Lo que fuere,⁷ papacito;
	¡pero esto me queda algo ancho!
DOÑA PEPA.	Se le corren los botones.⁸
	En fin, ¡estás aperado!

(Abrazan a Juanito doña Pepe y Melchora.)

DOÑA PEPA.	Adiós, hijo, ¡no olvides tu casa!
MELCHORA.	Adiós, mi amo, ¡no se haga masón!⁹
DON PEPE.	Ve a ponerte la ruana; de tripas
	hay que hacer esta vez corazón.
JUANITO.	Adiós, madre; pondréme la ruana,
	y de tripas haré corazón.
CORO.	¡Ay, qué gusto, qué alegría
	cuando vuelva de estudiar,
	y que sepa teología
	como el cura del lugar!

CUADRO II

ESCENA I

La escena pasa en el colegio. Varios estudiantes se pasean leyendo . . .

CORO DE ESTUDIANTES.	*(Cantando)*
	¡Sin cesar estudiemos constantes,
	sean los libros nuestro único afán,

---

⁷ *Lo que fuere* (Whatever it may be). Perhaps so. The future subjunctive is seldom used in modern Spanish, being replaced by the present.

⁸ *Se . . . botones.* We'll move the buttons.

⁹ *No se haga masón.* Don't turn Freemason.

esos nobles amigos, que al joven,
instrucción y consejos le dan!
Si en la vida encontramos espinas
que desgarren tal vez nuestro pie,
es la ciencia el consuelo del hombre
que ha perdido ilusiones y fe.

ESCENA II

Los mismos, más Juanito, que llega vestido a la moda y con aire de calavera.

JUANITO.	*(Saludando a todos)* ¡Hola, Pepe! ¡Casimiro!
	¡Ramos, Mendoza, Jenaro!
	¡Habrá iguales majaderos![10]
	¡Perder el tiempo estudiando
	cuando estamos casi en fiestas
	y es tiempo de baile y pasos!
	¿Por qué no unir el estudio
	con el placer, como yo hago?
	Vengo al colegio media hora,
	respondo a lista y me salgo.
UN ALUMNO.	¿Y el examen?
JUANITO.	¡Poca cosa!
OTRO ALUMNO.	¿Pero el grado?
JUANITO.	Se aprende uno de soplillo
	de los textos hasta cuatro
	capítulos por lo menos;
	¡y se habla con desparpajo!
	Eso es como ir al Congreso,
	donde a veces vienen sabios
	que hablan mucho, dicen poco,
	no hacen nada, y van mamando. *(Cantando)*
	Si preguntan, por ejemplo,
	en éxamenes de inglés
	¿You speak English? bien se sabe
	respondiendo al punto, *¡Yes!*

---

[10] *¡Habra iguales majaderos!* Can there be crackbrains like you!

Y hasta un niño de la escuela
muy zoquete debe ser,
si no sabe que allá en Francia
père es padre y madre *mère*.
   Si en política examinan,
no es cuestión de mucho seso
el saber que hacen las leyes
los que vienen al Congreso.
   Así pues, sin mucho estudio
del apuro yo saldré,
y doctor, con poco esfuerzo,
a mi pueblo volveré.

(Suena la campana que toca a clase.)

CORO DE ESTUDIANTES.   *(Cantando)*
A la clase están tocando;
ya ha venido el profesor;
si no vas, adiós, Juanito;
¡tú eres diablo tentador!

(Salen todos y se queda Juanito.)

Escena III

JUANITO.   ¡Qué turba de inocentes majaderos
es ésta de mis pobres compañeros,
estudiando sus libros de arracachas
en lugar de pasarse a las muchachas! . . .
¡Son tan lindas . . . tan guapas y tan bellas!
¡Yo me muero de amor por todas ellas!
Y me hacen buena cara. ¡Aquí guardadas
tengo de ellas mil prendas adoradas! . . .

(Saca un enorme gancho y un broche.)

Este gancho torcido y este broche
me dió, en el teatro, Rosa la otra noche.
                              (Los besa.)
En el baile de ayer, mi Carolina
esta hebilla me dió . . . ¡mujer divina!

En fin . . . de otras muchachas bien bonitas
tengo estas inocentes florecitas . . .

(Saca a manotadas de todos los bolsillos.)

¡Un Juan Tenorio soy! ¡soy un demonio!
¡Y enemigo feroz del matrimonio!

ESCENA IV

Se van presentando varios cobradores de capas, ruanas, etc.

PRIMER COBRADOR.
¿Es usted, don Juanito?

JUANITO.   *(Aparte)*   ¡Mala traza!
Servidor suyo; ¿y qué hay?

COBRADOR.   Allá en la casa
no le pude encontrar a usted. Permita
que le presente aquí una cuentecita.
(Le da un papel.)

JUANITO.   ¿De ropa? está muy bien. Pasaré pronto
por el taller de usted. *(Aparte)*
¡No soy tan tonto!

SEGUNDO COBRADOR.
¡Don Juanito!

JUANITO.   ¿Qué tal?

SEGUNDO COBRADOR.   Se cumplió el plazo
del reloj que tomó.

JUANITO.   ¡Yo estoy escaso
de dinero! Después será otro día.

UN CHINO.   Don Juanito: me manda aquí mi tía
por el restico que quedó debiendo.

TERCER COBRADOR.
¡Los botines!

CUARTO COBRADOR.   ¡Las flores!

QUINTO COBRADOR.   ¡El arriendo!

*(Cada uno le presenta un papel; se queda pensativo; vuelve pedazos
las cuentas.)*

JUANITO.   ¡Oh, desgracia! . . . Por fin me han encontrado!

Les pagaré después . . . ¡Estoy quebrado!

(Atropella a todos y sale corriendo.)

CORO DE ACREEDORES FURIOSOS. *(Cantando)*
Corramos, volemos,
corramos detrás;
no demos ya plazos
al mozo fatal.
    Que vuelvan, nos dice
desde hace ya un mes,
y siempre volvemos
y él dice: ¡después!

CUADRO III

ESCENA I

Sala de examen. Juanito se pasea con aire pensativo, frac y corbata blanca.

JUANITO.
Llegó el instante solemne
en que voy a hacer mi grado
en presencia de mis padres
y de muchos convidados.
A él vendrán las Escabeches,
las Rodríguez, las Collazos,
y delante de esas bellas
el lucirme es necesario.
Si el examen no presento,
mi papá me ha amenazado
con suspenderme los fondos
de que necesito tanto.
Nada sé, porque lo cierto
es que muy poco he estudiado;
pero en la Jurisprudencia
hay que tener algún garbo,
poco miedo, mucha charla,
y . . . Juanito, ¡estás graduado!
¡Pero intranquilo me encuentro!

Tengo miedo; es bien extraño
que yo, que soy tan corrido,
vaya a aflojar en el grado.
Ya viene alguien; son mis padres.

ESCENA II

Juanito, Don Pepe, Doña Pepa, Melchora, Cuatro Muchachas

DON PEPE.	¡Hijo, mío!
JUANITO.	¡Papacito!
DOÑA PEPA.	¡Juan de mi alma!
JUANITO.	¡Mamacita!
MELCHORA.	¡Mi amo Juanito querido!

(*Todos lo abrazan a un tiempo.*)

DOÑA PEPA.   Ayer salimos del pueblo,
y a galope hemos venido
a verte obtener el grado
de que te habrás hecho digno.

DOÑA PEPA.   ¡Pareces una pintura!
¡Qué buen mozo! ¡Qué crecido!

DON PEPE.   Después del grado hablaremos . . .
siéntate aquí, donde oírte
puedan todos.

(*Entran cuatro muchachas haciendo cortesías.*)

LAS MUCHACHAS.   Caballero . . .

JUANITO.   ¡Mis señoras! . . . (*Aparte*) ¡Yo tirito
de miedo! Va a ser un grado
en extremo concurrido;
y si esta vez me reprueban,
¡de fijo me pego un tiro!

ESCENA III

Llegan con aire grave tres Examinadores, y detrás un Coro de Estudiantes. Juanito saluda a todos y les indica asiento.

CORO DE ESTUDIANTES.   (*Cantando*)
Quien trabaja constante y sufrido
y ha estudiado con firme tesón

al final del examen recibe
un honroso y feliz galardón.

JUANITO.   Yo he estudiado
como un macho;
soy muchacho
 de valor.
Si a un examen
yo me lanzo,
siempre alcanzo
 galardón.

CORO.   Quien trabaja constante y sufrido, etc.

(Un examinador se pone de pie, y después que los demás han escrito algo, dice, leyendo los dos papeles):

PROFESOR 1⁰.   Tesis que al estudiante le ha tocado
para su examen general de grado:
Primera: Matrimonio y las causales
que impiden matrimonios y esponsales;
y *segunda:* concurso de acreedores.
 Examinen, señores profesores.

PROFESOR 2⁰.   Exponga usted la primera
tesis que toca en derecho;
desarrolle la doctrina
en negocios, contubernios,
matrimonios y esponsales.

JUANITO.   Está muy bien; ya comienzo.
El matrimonio es la tumba
del amor, dice un porverbio,
y en Bogotá es muy difícil
que podamos contraerlo,
porque las suegras son malas
y son peores los suegros.
Es una horrible cadena
con que se atan nuestros cuerpos
a los flancos de una roca
como nuevos Prometeos.[11]

---

[11] *Prometeo.* Prometheus of Greek mythology. Zeus chained him to a rock on Mount Caucasus for stealing fire from heaven and giving it to man. There a vulture fed by day on his liver, which grew again at night.

(Todo en estilo de perorata)

PROFESOR 2⁰.　Muy mal, señor estudiante;
　　　　　　　eso no es ley ni derecho,
　　　　　　　sino pura charla suya;
　　　　　　　ya me doy por satisfecho.

PROFESOR 3⁰.　Exponga usted la segunda
　　　　　　　tesis. ¿Cuál es el objeto
　　　　　　　del concurso de acreedores?

JUANITO.　　　Sí, señor. Yo no comprendo
　　　　　　　por qué la ley favorece
　　　　　　　a esos monstruos sempiternos
　　　　　　　que acreedores se apellidan
　　　　　　　y que, incansables, violentos,
　　　　　　　nos persiguen, nos oprimen,
　　　　　　　nos molestan . . . El averno
　　　　　　　suficiente no sería
　　　　　　　para encerrarlos a ellos,
　　　　　　　ni sus penas suficientes
　　　　　　　para torturar sus cuerpos.

PROFESOR 3⁰.　Sí, señor. Como usted dice,
　　　　　　　acaso será muy cierto;
　　　　　　　pero eso no dice el Código,
　　　　　　　ni es asunto del derecho.

PROFESOR 1⁰.　Ya ha terminado el examen
　　　　　　　y calificar debemos.

(Se ponen a conferenciar bajo y escriben sus votos.)

DON PEPE.　　　　¡Caló a todos!
DOÑA PEPA.　　　　　　　　¡Qué bien lo hizo!
MELCHORA.　　　　¡Sí que sabe!
UNA MUCHACHA.　　　　　　　¡Qué talento!
DON PEPE.　　　　¡No han podido replicarle!
DOÑA PEPA.　　　　¡Qué elocuencia!
MELCHORA.　　　　　　　　　¡Qué argumentos!
DON PEPE.　　　　¡Va a salir sobresaliente!
DOÑA PEPA.　　　　¡Yo lo abrazo!
MELCHORA.　　　　　　　　¡Yo lo aprieto!

UNA MUCHACHA.	Yo lo indiferente me hago
	y como un guante le vuelvo.
OTRA MUCHACHA.	Y yo le echo una mirada
	que lo dejo patitieso.
EXAMINADOR I⁰.	¡Cero! ¡cero! ¡Cero! ¡cero! *(Cantando)*

EXAMINADOR I⁰.   ¡Cero! ¡cero! ¡Cero! ¡cero! *(Cantando)*
                 plenamente reprobado. *(Leyendo)*
DON PEPE.   ¡He botado mi dinero!
CORO.   ¡Pobre padre, desgraciado!
DOÑA PEPA.   ¡Yo me muero!   *(Se desmaya)*
MELCHORA.   ¡Yo me privo!   *(Id.)*
LAS MUCHACHAS.   ¡Nosotras nos desmayamos!   *(Id.)*
JUANITO.   Si las cosas apuramos,
                 ¡no debo quedar yo vivo!
                 Me aborrecen las muchachas,
                 me desprecia el mundo entero;
                 cuando salga del desmayo
                 me entraré de zapatero.

Armando Moock Bousquet

La serpiente

ARMANDO MOOCK BOUSQUET, known in the literary world simply as Armando Moock, is a prolific Chilean dramatist and novelist. He was born in Santiago in 1894, was educated there in the Internado Barros Arana (named for an illustrious Chilean author), and in the University of Chile, and devoted his life to literary and diplomatic activities. He is credited with producing four hundred works by the time he was forty. He wrote sixty plays, many of which have been staged in various South American cities and in France, Spain, Portugal, and Morocco. Several have been translated into Italian and Portuguese.

Ranked among the best of his works is *La serpiente*, which has been played in Buenos Aires, Chile, Peru, Venezuela, Uruguay, Panama, Costa Rica, Cuba, France, and Spain. The Spaniards, who became acquainted with Moock through the artistic work of Camila Quiroga, *"la cómica más completa que ha pasado por delante de nosotros,"* during her international tour with *La serpiente*, consider the author a romantic and philosopher in drama.

The North American movie film entitled *Cobra*, played by Valentino and Geraldine Farrar, was made from a translation of *La serpiente*.

Armando Moock began his diplomatic career in 1926 as vice-consul in Paris. Later he was successively consul in La Plata, consul general in Buenos Aires, consul in Vigo, and consul adscript in Barcelona. Returning to Buenos Aires as Attaché to the Ministry of Relations, he was appointed Commercial Attaché to the Chilean Embassy in Argentina, a post which he occupied until his death in 1942. He was elected a member of the Sociedad de Autores Argentinos.

The significance of the title *La serpiente* is sufficiently shown in the extracts here given.

La serpiente

Comedia en 3 actos

PERSONAJES

Luciana   Walter
Carmen Rosa   Manríquez
Pedro

La acción en Buenos Aires. Época actual.

[Pedro, un escritor que ya no es joven, se ha establecido en un lindo chalet sin casarse con su compañera, Luciana, una bella mujer que ha sido abandonada por su esposo. Una noche los visitan varios amigos, y al oírlos charlar nos enteramos de la situación y presentimos lo fatal que puede resultar de esta alianza que existe fuera de la ley y sin la bendición de la iglesia.]

ACTO I

WALTER. Pues mira tú, Pedro, no creí encontrarte así . . .

MANRÍQUEZ. ¿Has visto un disparate igual al que comete? Ahora, después de tantas luchas como las que hemos librado, teniendo una situación y dinero, no digo riqueza pero sí un buen pasar, venir a caer en esto: ¡es ridículo!

PEDRO. Dirás cuanto quieras. Mira, Walter, tú sabes de mi vida; tú sabes que cuando empecé a escribir todos me despreciaron; era un pobre diablo con hambre y con ilusiones; mi familia y todo el mundo me aislaron como a leproso; yo seguí luchando y he triunfado. No veo yo por qué he de volver a ellos. Ahora no me importa nada ni nadie. Me he venido a este chalet a vivir feliz, a seguir realizando mi obra; he encontrado a esta mujer que me quiere . . .

WALTER. Pero, ¿quién es?

PEDRO. Es . . .

MANRÍQUEZ. Yo diré. Es la mujer de otro.

PEDRO. Que otro abandonó dirás.

MANRÍQUEZ. Bueno, y ¿por qué la abandonó? Porque dicen que . . . era demasiado para él y . . .

PEDRO. Ésas son habladurías. Lo cierto es que esta mujer sin preguntarme nada, me quiso, me ha dado su vida y su cariño . . .

WALTER. Pero es una situación anormal.

PEDRO. ¡Y qué me importa! Anormal también era la situación cuando todos me aislaban porque no era nadie; las mujeres que amé me despreciaron; sería muy necio ahora si viniera a ellas.

MANRÍQUEZ. Pero ésa no es razón para que mates tu vida viviendo públicamente con una mujer que es de otro.

PEDRO. Es mía; ella es quien cuida de mí y de mi casa. Soy feliz, respiro tranquilidad y paz, es buena. ¿Ven ustedes este cuarto coquetamente adornado? Fueron sus manos las que lo aderezaron así. ¿Ven esas flores sobre mi mesa de trabajo? Fue ella quien amorosamente las dispuso para mí.

WALTER. ¡Ah! ¡Vamos! Ya comprendo: estás enamorado.

PEDRO. No. Tú sabes que con la dosis de escepticismo y amargura que hemos bebido es difícil que entre en nosotros el amor; la quiero solamente, y esto tiene su ventaja; si me engaña, si me cansa, la despediré y asunto concluido.

MANRÍQUEZ. ¡Ja, ja, ja! ¡La despediré! Qué fácil es decirlo y cuánto cuesta hacerlo. ¡La despediré! No, Pedro, estas mujeres entran en nuestra vida y es un desgarrón de nuestra alma el quererlas separar; se afianzan tanto que aniquilan la voluntad.

PEDRO. ¿La voluntad? Precisamente sobre eso versa mi obra, la primera que voy a elaborar sinceramente, espiritualmente; ya he escrito mucho para la prensa, para el público; ahora voy a escribir para mí, para los escogidos. La voy a titular "La Voluntad"; es una idea curiosa.

MANRÍQUEZ. Eres un porfiado. En fin, allá[1] tú; desde luego te he de decir, pero te lo digo en serio: desde que has tomado a esta mujer no cumples como antes con los compromisos del diario, y tú comprendes que no debes abusar de que yo sea el director; será un mal para ti. Dime: ¿tienes el artículo del sábado?

PEDRO. Aun no, pero hoy lo haré, mañana estará en la redacción.

MANRÍQUEZ. ¿Ves? Malo. Pedro, créeme, deja esta mujer, y si necesitas una compañera busca una esposa.

PEDRO. Más vale[2] que no toquemos el punto.

MANRÍQUEZ. Si tú quieres . . . Pero no olvides una razón indiscutible que te da tu amigo: "los sentidos unen más que los sentimientos," y esta mujer, con los antecedentes que tiene, se va a enredar en tu vida y te va a arrastrar.

. . .

CARMEN ROSA. Señor Walter, Luciana me contó que usted ha viajado mucho.

WALTER. En efecto, he viajado y por países muy raros.

PEDRO. Este sin ser escritor salió más andariego.

WALTER. La profesión. Siendo ingeniero ya se sabe . . . Me tocó en suerte[3] entrar en ese sindicato yanqui y con ellos he ido, sin pensar que iba tan lejos.

LUCIANA. ¿Por qué no nos cuenta alguna de sus aventuras, algo de lo que haya visto?

CARMEN ROSA. Sí, sí. Sería muy interesante.

WALTER. Ya contaría, pero no se me ocurre qué . . .

MANRÍQUEZ. Cualquier cosa, hombre.

PEDRO. En los viajes suceden siempre hechos que no se olvidan jamás.

WALTER. ¿Lo que más me impresionó? Pues escuchen. Fue en Bengala. Estábamos haciendo los trazos para un ferrocarril, y tuvimos que acampar en plena selva virgen.

---

[1] *allá tu*, that's your affair.
[2] *Más vale.* It is better.
[3] *Me toco en suerte.* It fell to my lot, I had the good fortune.

CARMEN ROSA. ¡Oh! ¡Qué horror!

MANRÍQUEZ. Se prohiben las exclamaciones.

WALTER. Naturalmente, íbamos bien provistos de armas, pero no por eso dejábamos de sentir un poco de temor. Por las noches rugían los leones.

LUCIANA. ¡Oh! ¡Qué miedo!

WALTER. Un día estando recostado en el catre de campaña, oímos ruido entre los cañaverales; cogiendo la carabina salimos con precaución a ponernos en guardia y divisamos una hermosa serpiente que ejecutaba movimientos extraños: empezamos a observar y caímos en cuenta; un robusto tigre agazapado, los ojos fosforescentes de furor, acecha; ella, oscilando la cabeza, arrojando y recogiendo ágilmente su lengua vermiforme, se acerca arrastrando su cuerpo anillado, lenta, muy lentamente. El tigre se percató de su juego, rugió atronando el aire recatándose sobre sus patas traseras, dió un impulso formidable a su cuerpo para lanzarse sobre ella. La creímos despedazada; ella no se movío, saltó el tigre pero sin el vigor que creímos; lo había fascinado. Y empezó la lucha: ella ágilmente esquivó el primer zarpazo y se enredó en el cuerpo jaspeado de la bestia que rugía de coraje, trataba de morderla, abriendo sus fauces de dientes carniceros, bufaba, y ella, silbando levemente, daba una vuelta más en su cuerpo; quiso él desasirse y se vió cogido; fue un combate horrendo; silbaba ella, rugía él debatiéndose; y el rugido de sus huesos atenazados por la sierpe se mezclaba con el ruido de los anillos. La sierpe envuelta por entero en él, sin quitarle la vista, lo fue apretando, matando, hasta que la fiera cabeza del tigre cayó tronchada por la muerte. Ella entonces, después de sobrerle los sesos por los ojos, con la lentitud propia de su sangre helada, se marchó ondulante, feliz; parecía una mujer.

PEDRO. Es curioso e interesante.

MANRÍQUEZ. Y muy de actualidad.[4]

CARMEN ROSA. ¡Pobre tigre!

WALTER. Tiene usted razón. ¡Pobre tigre!

CARMEN ROSA. ¡Es horroroso! ¿Tuvo usted mucho miedo?

WALTER. Yo no era el tigre, Carmen Rosa.

---

[4] *Muy de actualidad.* Very opportune (because it fits the present situation).

(Ya se han ido los visitantes.)

LUCIANA. Ahora vamos al jardín, hay una noche preciosa.

PEDRO. No. Ahora voy a trabajar.

LUCIANA. ¡Ay! ¡Qué lástima con la luna que hay!

PEDRO. Voy a escribir mi artículo de mañana.

LUCIANA. Vamos un ratito, luego te vienes.

PEDRO. No, no insistas, no iré.

LUCIANA. Me enojo contigo.

PEDRO. Harás mal.

LUCIANA. Voy yo sola.

PEDRO. Anda. *(Pedro se sienta a escribir. Pausa larga)*

LUCIANA. No. No voy.

PEDRO. ¿Sabes? Lo mejor que podrías hacer es irte a acostar.

LUCIANA. No tengo sueño.

PEDRO. Bueno, entonces me vas a dejar tranquilo.

LUCIANA. Yo te acompaño aquí. *(Se instala a su lado, a mirarlo escribir.)*

PEDRO. Bueno, pero quieta, ¿eh?

LUCIANA. Bien quietecita. *(Pausa. Pedro escribe.)* ¡Ay! ¡qué gorda te salió esa "a"!

PEDRO. ¡Pero, Luciana!

LUCIANA. No, no, no, si no te miro más, voy a sentarme acá. *(Pedro va a escribir.)* Oye, oye, préstame un libro que quiero leer.

PEDRO. Toma uno.

LUCIANA. Pero que sea divertido, ¿eh?

PEDRO. Ahí está la última novela publicada. *(Luciana viene al escritorio a tomar el libro, tiende el brazo por su cabeza.)*

LUCIANA. ¿Éste?

PEDRO. Sí, ése. *(Luciana va a sentarse al sofá.)* Oye, ¿qué perfume es ése que llevas ahora?

LUCIANA. ¿Te gusta?

PEDRO. Sí. No es desagradable, pero tiene un olor penetrante.

LUCIANA. Es una combinación de varios perfumes, que yo he inventado. *(Pedro trata de escribir, pero el perfume lo persigue, huele repetidas veces, ella sonríe diabólica. Por fin se pone a la tarea. Luciana lee, luego salta al final del libro, bosteza ruidosamente, luego deja caer el libro, lo recoge, lo vuelve a dejar caer y vuelve a recogerlo. Recostada en el sofá juega con los pies, se mira el calzado, recoge un poco la falda, contempla el techo, pero sin perder de vista a Pedro.)*

PEDRO. *(Dictándose lo que escribe)* Por lo tanto, el gobierno debe arbitrar medidas que tiendan a normalizar esa situación que por días se va haciendo intolerable y . . .

LUCIANA. *(Saltando de su asiento)* ¿Oye, que va a haber huelga?[5]

PEDRO. *(Exasperado)* ¡No, mujer, no!

LUCIANA. Pero no te enojes.

PEDRO. Mira, mejor es que te vayas a acostar.

LUCIANA. Bueno, bueno. Sí, sí, me voy.

PEDRO. Buenas noches.

LUCIANA. ¿No te enojas?

PEDRO. ¡No, mujer, no!

LUCIANA. ¿Vas a ir pronto?

PEDRO. Sí, mujer, sí.

LUCIANA. Buenas noches. *(Desde la puerta le envía un último beso; él se queda embelesado mirando por donde se ha ido, luego sólo se oye el rasguear de la pluma y una que otra frase.)*

PEDRO. No es el pueblo, son sus representantes los que deben velar . . . los fondos públicos desaparecen en despilfarros inicuos . . . es la desorganización . . . es el caos . . . por una parte la política de conveniencias, por otra . . . *(Cruje la puerta y aparece Luciana en bata de noche.)* Pero, Luciana, ¡ya es demasiado!

LUCIANA. Es que me da miedo, me aburro estando sola. Está tan linda la noche que he venido a buscar la guitarra para acompañarme.*(Pedro opta por volver a escribir, ella cruza la habitación, entra en un cuarto, y sale con una guitarra. Atraviesa haciendo sonar las cuerdas, arrastrando los pies y mirándolo de reojo; él sigue imperturbable. Llega a la puerta, vacila, lo mira y por fin dando una vuelta al botón de la luz eléctrica deja a oscuras la sala. La luna que entra por los ventenales ilumina la mesa de trabajo.)*

PEDRO. ¿Qué haces, Luciana?

LUCIANA. *(Corre a sentarse sobre la mesa.)* ¡Qué linda noche!

PEDRO. Tú estás loca.

LUCIANA. Yo que era un pierrot enamorado y venía a tu ventana a

---

[5] *que va a haber,* there is going to be. In translating omit *que* or supply some verb like "you mean," "you say."

cantar una serenata. *(Rasguea en la guitarra y entona una canción de amor; de pronto la voz se le apaga, queda cortada por un beso.)*

LUCIANA. Déjame cantar, tonto.

PEDRO. No quiero. *(Luciana huye, él la persigue, pasan las sombras inundándose a veces de luna, suenan las cuerdas de la guitarra, pequeños grititos de ella que se escabulle, risas ahogadas.)*

LUCIANA. ¡Déjate! Vas a romper la guitarra . . . Déjate . . . Después dices que soy yo . . . *(Persiguiéndose, se pierden por la puerta lateral, se oyen sus risas distantes y cae el telón.)*

ACTO II

★ ★ ★

PEDRO. Luciana, te agradeceré que te quedes unos momentos. He de hablarte.

LUCIANA. Está bien: tú dirás. ¿Pero por qué esa cara? Me das miedo . . . Oye, ¿te sientes mal?

PEDRO. No te acerques, hazme el favor de sentarte. Escúchame: de un tiempo a esta parte siento mi salud quebrantada y . . .

LUCIANA. Es que no haces caso, no te cuidas, eres porfiado.

PEDRO. Bueno . . . decía . . . ¡Ah! Sí . . . Luego que mis rentas han disminuido y naturalmente . . .

LUCIANA. ¡Ah! ¡Vamos! Ya sé con qué me vas a salir. Que hay que reducir los gastos. Pero sabes muy bien que yo no te pido nada, que me conformo con todo; el bienestar que me has dado lo acepté porque así lo quisiste; si no puede seguir, para mí es lo mismo. ¡Pobre mi viejo! ¿Y por eso te pones así?

PEDRO. Siéntate, prometiste escucharme; no se trata de eso . . . Cuando . . . bueno, cuando resolvimos vivir juntos, si no fue con el propósito de no separarnos, en previsión dijimos que si alguno de nosotros veía la conveniencia, la necesidad de hacerlo, nos separaríamos como dos buenos amigos, tratando de guardar el más grato recuerdo de nuestra vida común.

LUCIANA. Pedro . . .

PEDRO. Creo, Luciana, que ha llegado el momento de separarnos.

LUCIANA. ¿Cómo?

PEDRO. Supongo que no quebrantaremos nuestro acuerdo.

LUCIANA. ¿De modo que me despides, que me echas?

PEDRO. No, Luciana, nos separamos, que es diferente.

LUCIANA. Pero Pedro ¿qué te he hecho yo? ¿Te ha desagradado algo? Dilo.

PEDRO. No. Nada, absolutamente, Luciana; te agradezco mucho los sacrificios que has hecho por mí, el cariño que me has tenido.

LUCIANA. Que te tengo, Pedro. ¡Oh! Pero no es posible. No.

PEDRO. Yo hice cuanto pude por hacerte la estada lo más llevadera.

LUCIANA. No puedo creer que estés hablando en serio.

PEDRO. Pues va a ser preciso que creas.

LUCIANA. Entonces, entonces . . . tú . . . ¿ya no me quieres?

PEDRO. Ya no te quiero, ya ves si soy franco; no debo ni puedo ya quererte, necesito estar solo, ir lejos. *(Durante todo el diálogo Pedro se empeña en no mirarla ni acercarse a ella; teme que lo fascine.)*

LUCIANA. Pero, Pedro, ¿has pensado bien lo que dices?

PEDRO. Lo he reflexionado mucho. Yo te proporcionaré todo lo que necesites, te ayudaré en todo lo que pueda . . .

LUCIANA. No, no sigas hablando. No creí nunca que llegaría un momento en que me despedirías como se despide a un criado: "ya no te necesito más, vete."

PEDRO. Te ruego que no tomes así . . .

LUCIANA. Pero si es eso; soy para ti una cosa inútil. ¡Oh! ¡Qué ingratos son los hombres! Yo que te he entregado mi vida entera, yo que despojándome de toda suerte de prejuicios vine a arrinconarme a tu lado renunciando a todo, todo, ¿me entiendes? Yo ya no tengo familia, ni amistades, nada; pero estaba feliz porque te tenía a ti, y cuando murmuraban por nuestra unión ilícita mi dignidad no se ofendía porque sabía que tú valías más que todas esas murmuraciones. Después de dos años de unión no te exijo amor, pero por lo menos cariño, y yo sé que tú me lo tienes. Pedro, tú no me puedes abandonar, dime que no.

PEDRO. Luciana, no prolonguemos esta situación por demás triste y molesta . . .

LUCIANA. ¡De nada vale el pasado! No queda en ti ni un buen recuerdo, nada que te una a mí. ¡Fui demasiado confiada! . . . Sí. Me iré, ¿dónde? ¡Quién lo sabe! A cualquier parte, será lo mismo. Yo sí que no me puedo ir tranquila; si no tengo cerebro, tengo corazón, Pedro. Tú me enseñaste a quererte tanto, tanto que no sé . . . ¡Pedro! Mira, mírame cómo te suplico.

PEDRO. Es inútil, no insistas. No veo yo por qué te sorprende tanto que te pida que nos separemos. ¿No lo habíamos acordado? ¿No nos unimos en esa confianza? Nuestra unión no tenía otra razón de ser que el amor y ya no lo siento, ¿qué voy a hacer? Se nos haría intolerable la vida.

LUCIANA. Tu frialdad, tu cinismo para rechazarme me indignan.

PEDRO. Sin embargo es bien razonable lo que te digo.

LUCIANA. ¡Oh! ¡No! ¿Y éste es el hombre a quien entregué mi vida? Yo que te había elevado por sobre todo el mundo, ciega y plena de confianza; tú el hombre superior a quien adoraba, el hombre único a quien quise . . . me rechazas. A mí, a mí que todas las dichas y satisfacciones que pude adivinar o presentir fui a ofrecértelas.

PEDRO. Luciana, vamos por un camino penoso de recorrer; ni mi estado de ánimo, ni mi salud me permiten continuar.

LUCIANA. ¡Oh! ¡Cómo pude ser tan ciega! No merecías mi amor.

PEDRO. ¡Tu amor! ¡Lo conozco! Bueno, en fin, ¿qué ventaja crees sacar de esta escena? ¿Qué necesitas, qué pides para dejarme libre de tu amor?

LUCIANA. ¡Oh! ¡Miserable! ¿Que qué pido?[6] ¡Eres abominable! ¿Eso es lo único que te dicen tus sentimientos? ¿Crees estar tratando con una mujerzuela? Yo debía escupirte a la cara.

PEDRO. ¿Y qué te detiene?

LUCIANA. ¿Que qué me detiene? La piedad, la repugnancia que me inspiras.

PEDRO. ¡Cállate!

LUCIANA. ¡Callarme! No. Ahora tienes que oírme. Tú, hombre grande, hombre sabio, hombre Dios, eres indigno con toda la indignidad de los conscientes, has envilecido mi vida con tus vicios, el amor que te daba creías que lo merecías, que me lo pagabas.

PEDRO. ¡Calla! Te desprecio, te adomino, te odio, hace mucho tiempo que estaba por decírtelo; óyelo bien ahora: el amor salvaje que me dabas, que extraías de no sé qué filtro infernal, ha estado envenenando y agotando mi vida. ¡Ah! Ahora comprendo por qué te dejó "el otro"; presintió en ti la serpiente, anulabas sus

---

[6] *¿Que qué pido?* See note [5].

energías como quisieras anularme a mí . . . ¡Vete, vete de esta casa!

LUCIANA. No me voy.

PEDRO. ¡Calla! ¡Fuera he dicho! ¡Miserable! ¡Mala mujer! ¡Fuera! ¡Fuera, he dicho! ¡Pronto! *(Luciana retrocede hasta hacer mutis. Pausa. Pedro queda jadeando de cansancio y nervioso. Luego con una expresión de supremo regocijo, como hombre que se ve libre de un peso)* ¡Se va! ¡Por fin! ¡Se va! ¡Yo! ¡Yo la he echado! ¡Yo!⁷ *(Abre las ventanas para respirar mejor, enciende un cigarillo y se sienta a saborear su triunfo. Pausa larga. Aparece Luciana de sombrero.)*

LUCIANA. No he querido aguardar, encerrada en mi cuarto, el tiempo necesario para encontrar un sitio donde ir a arrojar mi cuerpo y mi pena, y he resuelto marchar hoy mismo . . . ¡Oh! No te intranquilices, óyeme por última vez, Pedro. He dicho a Ignacia⁸ que haga unos paquetes de mis ropas, confiando en tu bondad que no encontraría oposición, y que enviaré por ellos . . . Supongo que no he hecho mal . . .

PEDRO. De ningún modo, puedes llevar cuanto quieras.

LUCIANA. Gracias, Pedro. Ahora sólo me resta pedirte perdón.

PEDRO. No. No, de nada tienes que pedírmelo.

LUCIANA. Sí. Sé que te he causado un disgusto muy grande, pero me dijiste cosas tan horribles, que me hirieron tanto, que he dicho algo que ni a pensarlo me habría atrevido, pero, te suplico que me creas, estoy bien arrepentida. ¡Pedro! No me guardes rencor, mira que sería desgraciada sabiendo que tú . . . tú, el único hombre que he querido, lo único de mi vida me . . . *(Llora)*

PEDRO. Vamos, Luciana, repórtate. Yo también fui violento, te prometo que no me acordaré más de esto.

LUCIANA. Qué bueno eres, Pedro. Gracias. *(Solloza histéricamente.)*

PEDRO. Serénate.

LUCIANA. Disculpa que llore, tengo tanta necesidad de ello, no quisiera hacerlo en la calle . . . Me siento tan desgraciada, tengo tal opresión al corazón que esto me hace bien. *(Llora en silencio.)*

---

⁷ The cause of his elation is that, only a few moments earlier in this act, Manríquez had urged Pedro to rid himself of Luciana and had expressed doubt of Pedro's ability to do it. Pedro's health and memory have deteriorated to such an extent that his publisher is about to reject his new work, "La Voluntad," because it is poorly done.

⁸ *Ignacia*, the maid.

PEDRO. ¿Quieres un poco de agua?

LUCIANA. Sí. Si me haces el favor. Gracias, muchas gracias, Pedro. *(Pausa)* ¡Ah! Le he dicho a Ignacia que mi hermana, que está muy grave, me ha hecho llamar, porque tú, Pedro . . . comprenderás, es muy triste tener que decir . . .

PEDRO. No tengas cuidado.

LUCIANA. Bueno, ya me voy. Si alguna vez necesitas de mis cuidados, si . . . ¿para qué te digo cuando tú lo sabes, Pedro? . . . Adiós.

PEDRO. Adiós, que la suerte te acompañe.

LUCIANA. Gracias. *(Hace ademán de salir.)* ¿Pero me dejarás ir sin siquiera darme la maño? . . . ¿Tanto me desprecias? *(Pausa)*

PEDRO. No . . . Adiós.

LUCIANA. Adiós, y que seas muy feliz. *(Abrazándole súbitamente)* ¡Pedro! ¡Mi Pedrito!

PEDRO. *(Rechazándola suavemente)* No, Luciana. No.

LUCIANA. *(Arrodillándose y abrazada a sus piernas)* Si no puedo. Déjame llorar, no puedo, lejos de ti no podré vivir. No me eches, te lo ruego, te lo suplico.

PEDRO. Ya sabes que no puede ser, por tu bien y por el mío.

LUCIANA. No importa, despréciame, ódiame, mátame, pero no me alejes de tu lado.

PEDRO. Vamos, Luciana, levántate, es ridículo.

LUCIANA. Pégame, despedázame el rostro para que nadie se atreva a poner sus ojos y sus besos donde tú los pusiste.

PEDRO. Levántate, Luciana, no estás en tu juicio.

LUCIANA. *(Poniéndose en pie sin desprenderse de él)* Quisiera que me mataras para que así como te debo la vida pueda deberte la muerte. Escúchame: si supieras cómo te quise cuando ahora poco,[9] frenético de ira, como nunca te había visto, los puños crispados, me gritaste, me ofendiste, me humillaste. Eras otro hombre. *(Mirándolo a los ojos; él esquiva la vista.)* Otro Pedro que yo no conocía, que me faltaba querer, que ha adorado.

PEDRO. Bueno, Luciana, adiós.

LUCIANA. En nombre del cariño que me tuviste, de la felicidad que hemos disfrutado juntos, por el amor que te tengo, no me abandones. No te pido que me quieras, te pido piedad, compasión.

---

[9] *ahora poco*, just now.

Yo que he sido tu hermana, tu esposa, tu amante, déjame ahora
ser tu esclava, tu sierva.

PEDRO. *(Ya débilmente)* No. No, Luciana.

LUCIANA. Relégame al último rincón de tu casa, despréciame,
ódiame, pero que yo te oiga, que te vea. Déjame aunque sólo
para tener en quien desahogar tu cólera . . .

PEDRO. No. Luciana, vete, no me obligues . . .

LUCIANA. Si tienes un sentimiento noble, si hay algo en ti, tiene que
revelarse; yo no te molestaré en nada. Piensa en la vida que hemos
vivido juntos, piensa que en todos los objetos, en todos los cuartos
de esta casa hay un recuerdo tuyo y mío, todo nos habla de
nosotros y aunque esté lejos siempre estaré aquí. Si yo soy lo
menos, en el jardín, en los árboles, en las plantas, en la ventana,
en tu mesa, en tus libros, en el aire, en todas partes está suspendido
algo de tu espíritu y el mío. Porque tú me has querido, Pedro;
no podrás acercarte, ni oir, ni tocar, ni ver nada, porque en cada
gesto tuyo habrá algo de mí que te dirá de cariños, de besos,
palabras que hemos dicho. ¿Recuerdas? "Dime que me querrás
siempre, Luciana, que me quieres a mí solo." "Sí, Pedro, mi
Pedrito, a ti solo te quiero." Y nos abrazábamos así.

PEDRO. ¡Luciana! ¡No!

LUCIANA. ¡Sí! Si me quieres, si lo leo en tus ojos, en tu alma, si
me estás besando sin besarme. Pedro, Pedrito, dime que no me
voy, que no puedo irme. *(Va acercando su rostro al de él sin quitarle
la vista, lo mira como fascinándolo en tanto que lo va envolviendo con
sus brazos.)* ¡Ah! ¡Mi Pedrito! *(Se besan.)* ¡Nunca nos separaremos!
¡Para toda la vida! *(La sierpe envuelta por entero en él sin quitarle
la vista, lo fue apretando, matando, hasta que la fiera cabeza del tigre
cayó tronchada.)*

PEDRO. *(Dejando caer su rostro en el hombro de Luciana con desaliento)*
¡Para toda la vida!

[Hacia el fin del tercer acto Pedro, dándose cuenta de que ya no
puede seguir escribiendo, arroja al fuego de la chimenea todos sus
papeles y se vuelve loco, poniéndose a hablar de serpientes y mujeres.
Sus últimas palabras son un grito de terror: ¡A mí no, a mí no, yo
no soy nadie! ¡A mí no, serpiente!]

Pablo Groussac

La divisa punzó

PAUL GROUSSAC was born in France in 1884. At the age of eighteen he came to Buenos Aires, ignorant of the Spanish language and with no profession, but destined to wield considerable influence in the new republic. Within four years after his arrival he became professor of mathematics in the National College of Buenos Aires and a member of the best literary circles of the capital. There followed many years of stupendous literary activity, not interrupted but intensified by the position of director of the National Library which he held from 1885 until his death in 1925.

The production of Groussac belongs mainly to three domains: literature, criticism, and history. Within these domains, he left a definite impress upon the lines of endeavour of at least three literary generations. His works in the fields of the novel, poetry, drama, and books of travel have been characterized as legitimate distractions from his serious devotion to the two fields in which he excelled: criticism and history. The best of his fiction, which includes both novels and short stories, is his realistic novel *Fruto vedado (Forbidden fruit)*, published in 1884. His principal dramatic piece, which grew out of his historical investigations, is *La divisa punzó (The red badge)*, which had a long and successful run. The critics called the performance of the play the theatrical event of the year and placed the author among the foremost contemporary

playwrights of Argentina. Some even went so far as to give him the first place among all Argentine dramatists.

In the field of musical criticism, Groussac published in 1886 a critical study of *Lohengrin* when that opera was being presented in the old Colón theater. As a critic, he is erudite, caustic, profound, and admirable in style. He was the father of scientific criticism in Argentina. It was in this field that he probably rendered his greatest service.

Groussac's work in history won the admiration of the literary and educational world of Argentina, though some have characterized him as a critic of history rather than a true historian. No native of the republic surpassed him in this field, and many acknowledged their indebtedness to him as a guide and teacher.

In *La divisa punzó* Groussac, writing in 1922, gives the same dark picture of Rosas that José Mármol painted of the tyrant in his novel *Amalia* in 1851. Several of the other characters, being historical, appear in both works, though as a rule they are less bloodthirsty in the play. María Josefa is much more human, and Victorica is an unwilling, if faithful, henchman of the dictator. The romantic interest centers in Manuela and her lover, Jaime Thompson, apparently a fictitious character, depicted as a fine young man who could in no way condone the deeds of Rosas and had to flee for his life. In *Manuelita Rosa*, by Carlos Ibarguren, no mention is made of any Thompson, while a detailed account is given of Manuela's love for the man she married after the fall of Rosas, Máximo Terrero, with whom she spent many happy years in England.

La divisa punzó

Drama histórico en cuatro actos

Juan Manuel de Rosas, el Dictador
Manuela de Rosas y Ezcurra, su hija
Jaime Thompson, novio de Manuela
María Josefa de Ezcurra, cuñada de Rosas
Ramón Maza, jefe del complot contra Rosas

[Por las delaciones de una criada, Rosas se entera de un complot contra su persona y su dictadura, que es como sigue: aprehender a Rosas durante la siesta, transportarle en un bote francés a lugar seguro y convocar a elecciones para nombrar un nuevo gobernador.

Una tarde se reúnen muchos convidados en la quinta de Rosas en Palermo, entre ellos Ramón Maza. Rosas acusa a Maza de conspirar contra su vida, lo que niega Maza con vehemencia. Este dispara un tiro de pistola al delator y por orden de Rosas es llevado a la cárcel.

Durante los cuatro días siguientes varias personas ruegan a Rosas para que no mande matar a Maza, a cuyo padre acaba de hacer asesinar el Dictador. Pero todo es en vano: Rosas manda fusilar al preso a las dos de la madrugada. En medio de estos hechos sangrientos, Manuela sabe defender con valor los intereses y la vida de su novio, Jaime Thompson.]

ACTO III, Escena VI

Thompson, Manuela

MANUELA. *(Alegremente)* Ya que toman mejor cariz los asuntos graves, hablemos algo de los suyos, que felizmente no lo son tanto. ¿Sabe en qué actitud encontré a tatita? Releyendo la solicitud de usted para ausentarse a las provincias, junto al pasaporte que acababa de firmar.

THOMPSON. *(Sonriendo con algo de ironía)* ¡Qué celeridad! ¿No será el caso del refrán "Al enemigo que huye, puente de plata"? *(Seriamente)* De todos modos, Manuela, le agradezco este servicio más que debo a su inagotable bondad.

MANUELA. ¿Por qué me habla así, con fórmula de trivial cortesía, como a persona extraña? ¿Por qué sobre todo *(en tono de suave reproche)* alude siempre a tatita con ironía o acritud?

THOMPSON. *(Con acento sencillo y profundo)* Sí, tiene usted razón; son de pésimo gusto estas saetillas irónicas que en presencia de usted todavía se me escapan. Mucho más cuando parece que Rosita[1] y todos los que queremos a Ramón nos vamos a ver en el caso de celebrar un acto de gobierno que importe un gesto de generoso olvido.

---

[1] *Rosita*, the wife of Ramón Maza.

MANUELA. *(Aprobando con la cabeza)* Espero que así sea . . . Y ¿será larga su ausencia?

THOMPSON. Por lo menos de algunos meses; acaso un año.

MANUELA. *(Pensativa)* ¡Un año de trabajos, de luchas en aquel desierto, bajo un clima riguroso, entre gente tan primitiva! ¿Por qué, Jaime *(con interés afectuoso)*, condena usted su juventud a tan austero sacrificio?

THOMPSON. Podría decirle—y no mentiría—que primero me movió la ambición de ser útil a mi país. Pero, al atractivo natural que me volvía a la patria, no se me ocultaba que estaba unido otro más íntimo y profundo . . . Y hoy, por fin *(tomándole la mano)*, si tengo premura en alejarme de usted, tesoro y bien supremo de mi vida, es sobre todo porque así anticipo la hora del retorno, confiando en Dios que, para entonces, habránse quitado los obstáculos que alzan hoy una valla insuperable a nuestra felicidad.

MANUELA. Un año más sin vernos, ¡qué eternidad! Con todo, nos será breve si trae ese cambio de fortuna que pueda unirnos para siempre. ¡Oh, gozar de la paz deliciosa de la obscuridad! ¡Verme libre de papeles decorativos! ¡Sacudir este disfraz paródico de no sé qué ridícula princesa pampeana, para no ser sino una esposa amada y reina en su apacible hogar!

THOMPSON. *(Atrayéndola a sus brazos)* Sí; tal viviremos juntos, siéndolo todo el uno para el otro en el universo, aquí o en cualquiera parte de la tierra. Y acaso entonces no esté de más al lado nuestro tu anciano padre, redimido por su caída y amnistiado por la proscripción. Dime una vez más que me amas.

MANUELA. ¡¡Oh, Jaime mío!!

Escena X

Rosas y Manuela

ROSAS. Sentate,[2] Manuelita. *(Le indica el sofá que ella no acepta, quedando de pie, apoyada en un sillón; él se sienta delante del escritorio,*

---

[2] *Sentate* for *siéntate.* In the preface to this play Groussac comments on the incorrect forms which are common in daily speech of even cultured people in Argentina. He says that the "vicious conjugation of verbs in the second person singular" preserves hybrid forms which are simple archaisms dating from the first centuries of the language, especially in the speech of country folk. These verb forms have *vos* as subject instead of *tu.*

revelando con su actitud, además del cansancio, cierta inquietud y como aprensión de lo que va a ocurrir.) Debería dejarte la palabra, ya que sos vos quien ha querido esta conversación, a la una y media de la mañana. Pero me siento esta noche algo cansado de cuerpo y espíritu; y como preveo de antemano, por el tema probable de la discusión, que ella³ será penosa para los dos, prefiero abreviarla lo más posible. ¿No te parece mejor así?

MANUELA. *(Con fría aquiescencia)* Será como usted gusta, padre mío.

ROSAS. ¡Hum! "padre mío": mal principio. ¿Ya no soy tu tatita?

MANUELA. *(Con una débil y forzada sonrisa)* No me salió de pronto el tratamiento infantil; pero no me costará volver a él: hable usted, tatita. *(Se sienta en un sillón.)*

ROSAS. Comprendo tu aflicción presente: te has criado como hermana con Rosita, y debes sentir casi a la par suya la gran desgracia que la hiere. Pero de esto a la actitud que te veo pronta a asumir, como si te unieras a mis enemigos, hay todo lo que va del respeto por los deberes filiales al olvido completo de esos deberes. Y te prevengo que ni un instante habría de tolerar tal conducta.

MANUELA. *(Con una calma que encubre su indignación aunque recalcando cada palabra)* Señor: no pienso rehuir la explicación completa que usted mismo provoca; aunque temo que en el curso de ella llegue mi lenguaje a asumir una forma que por cierto no me es habitual y podría sorprender en boca de una hija que se dirige a su padre. Pero segura estoy de que usted *(con amarga ironía)* no compartirá tal extrañeza: usted que, de algún tiempo acá, me expone al vil contacto de su clientela plebeya y hasta de sus inmundos bufones, desde que me falta la presencia tutelar de una madre que sabría preservar a su hija de toda salpicadura exterior, ya que, para la custodia interna, gracias a Dios, ella sola se basta.

ROSAS. *(Con inusitada mansedumbre, entre fingida y sincera)* Convengo, Manuela, en que algunas veces pude incurrir en el descuido de hacerte testigo y hasta, en cierto modo, partícipe de mis groseras diversiones.

MANUELA. Sea;⁴ dejemos por ahora esas miserias, indignas de recuerdo y mucho más en este momento crítico; ¿será creíble,

---

³ *ella,* la discusión.
⁴ *Sea.* Let it pass. *Sea* frequently means "So be it."

señor, que esté pendiente de un hilo la vida de un militar valiente y leal, a quien sólo se reprocha—ya que los otros cargos se daban por excusables o compurgados—una actitud tan honrosa como la de no querer convertirse en delator de un amigo y compañero de causa?

ROSAS. *(Severamente)* Si la prevaricación de un funcionario es un delito punible, no puede ser acto honroso su encumbrimiento, que importa una complicidad.

MANUELA. *(Alzándose impetuosamente y con voz vibrante)* ¿Son amenazas que usted profiere contra Thompson? Escúcheme ahora sin asombro, padre mío, aunque siento que me van a salir de los labios algunas palabras muy poco parecidas a las que con usted he venido usando hasta hoy. El sentimiento que usted no comprende es una pasión tan honda y pura que ella absorbe todas las potencias de mi ser, como si en ella se resumieran a un tiempo los afectos filiales que me van fallando: así el de la madre perdida, como el del padre que me había quedado y temo estar a punto de perder. *(Movimiento de Rosas)* Ahora bien: por odio instintivo a lo que no concibe, obedeciendo a no sé qué sugestiones perversas o prevenciones voluntariamente infundadas,—pues es sabido que Jaime Thompson no ha rozado la política sino para interesarse en la desgracia de Ramón Maza . . .

ROSAS. *(Interrumpiendo)* Está afiliado de una logia unitaria[5] . . .

MANUELA. *(Categórica)* ¡No es cierto! A este hombre superior, digo, dotado del cerebro más privilegiado, puesto sobre el corazón más noble y altivo; al elegido de mi alma—lo proclamo sin rubor— que desde la infancia encarnó mi lejano ideal y en quien hoy coloco mi suprema esperanza de felicidad: ¡es a él a quien se atreve usted a amenazar, designándole como presa a una horda de asesinos! Ahora bien, padre mío, escuche usted lo que me falta decirle y debe mirar como un propósito inquebrantable—pues si me jacto de no tener nada de Rosas en lo sentimental, le consta, sin embargo, que conservo no poco de la casta paterna en la voluntad y el tesón: el día en que Jaime Thompson sucumbiera bajo algún atentado alevoso, indudablemente instigado por usted; ese día *(dando unos pasos hacia el retrato de doña Encarnación colgado*

---

[5] The Unitarians and the Federals were the opposing political parties during the epoch of Rosas, who was the leader of the latter party.

en la pared y extendiendo la mano para el juramento) juro a Dios, ante el retrato de mi madre, que usted ya no tendría hija.

ROSAS. *(Más que estupefacto, fulminado por el inesperado estallido)* ¡Manuela! ¡Es posible que sea mi hija quien me habla así: el ser de mi carne en quien he puesto todo mi cariño!

MANUELA. *(Con acento de firme resolución)* Todo está previsto y fácilmente realizable a una indicación mía. María Josefa está pronta para seguirme a España, donde tengo parentela materna y podré residir hasta que, gracias a mi mayor edad[6]—recién cumplida,— resuelva por mí sola si debo o no entrar en religión y terminar en un convento esta ostentosa y desgranada orfandad.

ROSAS. *(Con una expresión sombría en que al dolor paterno se une el despecho del déspota.)* ¡Tu orfandad! ¡Será cierto que de veras hayas alguna vez arrostrado fríamente el pensamiento impío de irte, única lumbre de mi enlutado hogar, dejándome solo delante de cenizas pagadas! ¡Qué existencia de desesperada soledad sería la mía, faltándome tu presencia querida, única tregua de refresco e íntimo solaz después del choque horrible con los hombres! ¡Y luego *(hablando consigo mismo)* qué triunfo para mis enemigos! ¡Cómo harían retumbar ante el mundo mi catástrofe doméstica, mostrando a mi propia hija fugitiva de la para ella intolerable mansión paterna, y cuyo abandono vendría a confirmar los peores ataques de sus libelos! ¡Es la obra de toda mi vida la que se raja en su pared maestra; el confortativo de mis fuerzas, que amenaza fallarme cuando ellas ya declinan en el umbral de la vejez! . . . *(Después de una pausa de reflexión, echa una mirada rápida a Manuela, que ha vuelto a sentarse en un sillón de la izquierda.)* No, esto no puede ser. Quiero evitarlo a cualquier precio . . . tanto más cuanto que *(mirando el reloj y cruzándosele ya una sugestión de su incurable bellaquería)* . . . quizá todo puede conciliarse . . . *(Toca una campanilla y al ordenanza que se presenta)* Al general Corvalán, que venga al punto.[7]

(A los pocos segundos se presenta Corvalán.)

---

[6] *gracias a mi mayor edad—recién cumplida*, thanks to my majority (being of age)— recently attained.

[7] *Al general . . . al punto.* Tell General Corvalán to come here at once.

Escena XI

Dichos, Corvalán; después Thompson, Victorica,[8]
un oficial, dos soldados

ROSAS. *(A Corvalán)* Tenga la bondad, general, de escribir las líneas
que le voy a dictar. *(Movimiento de atención de Manuela)* "El
Gobernador de la Provincia ordena al señor Jefe de policía, don
Bernado Victorica, que suspenda hasta segunda orden la ejecución
del reo teniente coronel Ramón Maza. Despacho de gobierno,
28 de junio de 1839, una y media de la mañana." Y firmo.
*(Llama al ordenaza. Mientras se sienta a firmar, Corvalán mira el
reloj, moviendo la cabeza.)* Ahora, entregue esta orden a un soldado
para que la lleve al Departamento en seguida, que apenas hay
tiempo.

MANUELA. *(Dirigiéndose a la puerta de la izquierda)* ¡Oh! ¡qué dicha!
¡Voy a anunciar la feliz nueva a Thompson, para que vuele a
casa de Rosita! *(Vase por la puerta de segundo término, para volver a
los pocos segundos.)*

CORVALÁN. *(Entra por el foro y de nuevo mira el reloj.)* ¡Y no poder
decir a estos pobres ilusos que todo este aparato es una farsa
monstruosa del tirano que no quiere perder su venganza! *(Fija la
mirada en Rosas, quien sigue la marcha del reloj; ambos aplican el oído,
ansiosos por lo que prevén próximo a producirse; Manuela ha vuelto y
está de pie, apoyada al sillón. El reloj del Cabildo toca las dos; a los
pocos segundos de angustioso silencio, se escucha la voz del sereno en
la calle.)*

EL SERENO. ¡Viva la santa Federación![9] Las dos han dado . . . *(Cubre
su voz una descarga de fusilería que indica haberse cumplido la sentencia.)*

ROSAS. *(Aparte, ocultando una sonrisa diabólica)* ¡Esto está hecho!

MANUELA. *(Lanzando un grito de horror)* ¿Qué es eso, santo cielo?

ROSAS. *(Fingiendo sorpresa pesarosa)* Dios ha querido que el indulto
llegara demasiado tarde.

MANUELA. *(Con acento indignado y sin mirar a su padre)* ¡Dios ha
permitido que una vez más prevaleciera la perversidad humana!
(Silencio. Al rato se oye un tumulto de gritos y tropel en el patio.

---

[8] *Victorica*, chief of police.
[9] The Federation was the State as conceived and governed by the Federals.

Abrese la puerta del foro y aparece Thompson pálido, el traje en desorden, las facciones demudadas, arrastrado por soldados; entre éstos un sereno, en su arreo tradicional: gorro de manga, capota de capucho, farol y lanza con trapo federal. También entra en el grupo Corvalán, que se adelanta en la escena. Para hacer méritos, un sargento, por detrás, empuja brutalmente a Thompson gritando: "¡marche!" Este se vuelve airado contra el agresor, y con una sorda exclamación: "¡Cobarde inmundo!" le aplica, según los principios del más correcto boxeo londinense, tan formidable "directo" en la mandíbula, que lo lanza desmayado en brazos de los soldados. Rosas tiene un gesto airado, pero se reprime al punto.)

CORVALÁN. *(Que interiormente admira el golpe)* Téngase, Thompson. *(A los soldados)* Suelten al preso. ¡Dos pasos atrás! *(Al oficial)* Dé usted parte de lo ocurrido a Su Excelencia. *(Aparte)* ¡Y qué puños los del mozalbete!

EL OFICIAL. Excelentísimo Señor: junto con la descarga hecha en la cárcel, indicando la ejecución del reo, sentimos gritos desaforados en esta cuadra; corrimos y encontramos a este hombre que volvía hacia esta casa, profiriendo injurias atroces contra el ilustre Restaurador. Lo hice detener inmediatamente y lo traigo a presencia de Vuestra Excelencia, para que se sirva dictaminar sobre su suerte. *(Silencio general en presencia de Rosas, que también está callado, reflexionando.)*

CORVALÁN. *(Creyendo interpretar el mutismo de Rosas)* Su Excelencia está esperando las explicaciones del señor Thompson. *(Desde el extremo del proscenio, Manuela ha dado un paso hacia Thompson, aunque éste al pronto no ve su actitud patética.)*

THOMPSON. *(Con voz vibrante)* He protestado y protesto, no sólo contra la injusta sentencia, sino también contra la perfidia de un indulto falaz . . .

MANUELA. *(Juntando las manos en ademán de súplica, a media voz.)* ¡Jaime! . . .

THOMPSON. *(Se interrumpe ante la actitud de Manuela y se ve que, para obedecer la muda súplica, está conteniendo las imprecaciones que se agolpan a sus labios.)* Nada más tengo que explicar . . .

ROSAS. *(Después de una lucha interna, ha tomado su resolución: habla sin mirar a Thompson, que espera impasible un acto de rigor.)* Me doy cuenta de cómo el señor Thompson, recién vuelto a su patria y amigo íntimo del reo, se haya conmovido, por el acto de cruel justicia que acaba de consumarse, hasta incurrir en un verdadero extravío. No dudo de que le pesará *(muda denegación de Thompson)* su protesta violenta contra el merecido castigo cuando conozca mejor las razones en que se ha fundado. Sea como fuere,[10] excuso ofensas que no me alcanzan, ni quiero conocer injurias que no he oído y doy por no proferidas. El señor Thompson queda en libertad. Pero, como a estas horas las calles de la ciudad no estarían muy seguras para él, acompáñenlo dos soldados de escolta hasta el domicilio que él indique.

THOMPSON. *(Haciendo una seña negativa)* No; si estoy en libertad, iré solo. *(En medio de un silencio de estupefacción, se cumple la orden, saliendo Thompson después de una mirada a Manuela. Se retiran los soldados.)*

VICTORICA. *(Acaba de entrar y se acerca a Rosas, revelando emoción en su semblante sombrío.)* Excelentísimo Señor: se ha cumplido la sentencia. *(Silencio)* Para terminar con el señor Thompson, me permitirá preguntar a Su Excelencia ¿qué curso se da al pasaporte otorgado a dicha persona para ausentarse a las provincias?

ROSAS. Envíeselo a su domicilio para que haga uso de él a su albedrío. *(Victorica se inclina.)* Hoy mismo, general *(a Corvalán)*, se servirá usted pasar en mi nombre un oficio al gobernador de Córdoba, rogándole que, al saber la llegada allí del Señor Thompson, tenga a bien proporcionarle todas las facilidades posibles para su viaje al interior. También escribirá usted a mi amigo Brizuela, gobernador de La Rioja, pidiéndole que atienda en todo al ingeniero don Jaime Thompson, como si fuera . . . una persona de mi familia.

MANUELA. *(Que permanece sentada, mirando al suelo, se levanta al oir las últimas palabras de Rosas, clava en él sus ojos y luego, conmovida, camina algunos pasos hacia su padre, despidiéndose a media voz.)* Buenas noches, tatita. *(Se retira por la puerta de la izquierda, después de una seña amistosa a Corvalán y a Victorica.)*

ROSAS. *(Muy quedo)* Buenas noches, Niña. *(Se dirige a su habitación de la derecha, despidiendo desde la puerta a sus subordinados.)* Caballeros, pueden retirarse. *(Vase.)*

---

[10] *Sea como fuere.* Be that as it may.

VICTORICA. *(Se dispone a salir con Corvalán por la puerta del foro; allí detiene un instante a su compañero poniéndole la mano en el hombro y señalando la puerta de la derecha.)* Vea, general: a ese hombre, ni en veinte años de estudio y contacto diario acabaremos de conocerlo.[11]

[Once meses más tarde vuelve Thompson a Buenos Aires, pero, viéndose perseguido por enemigos que quieren matarle, se escapa de noche con la ayuda de Manuela y va a Montevideo, para ir después a Inglaterra. Al caer el telón final Manuela está llorando después del triste adiós de su novio.[12] Acaba de sacrificar su amor de Jaime por el deber filial, y se queda con su padre.]

---

[11] *acabaremos de conocerlo*, shall we really know him.

[12] The close of the last scene is really the climax of the play, for the emotion of the audience is at its height during the touching farewell of the lovers. Camila Quiroga won applause at each performance for her sympathetic and artistic rôle as Manuela.

Martín Coronado

La piedra de escándalo

MARTÍN CORONADO, born in Buenos Aires probably in 1840, is recognized as one of the founders of the Argentine national theater, and has been called the Argentine Lope de Vega. His first play, *La rosa blanca*, was staged in 1877. In rapid succession followed *Luz de luna y luz de incendio* (later titled *Bajo la tiranía*), *Salvador*, *Cortar por lo más delgado*, *Un soñador*, and *Justicias de antaño* (1897), after which a five-year period of silence preceded the appearance of his most successful play, *La piedra de escándalo*. After a period of copious production another silence followed, to be broken in 1917 when, now an old man, Coronado wrote *La chacra de don Lorenzo*, the sequel to *La piedra* which the public had long demanded. He died in 1919, having lived to see romanticism yield to realism in literature, although various companies of actors in many crowded theaters were continuing to produce his romantic plays.

Coronado's twenty-five dramas may be grouped as follows: psychological plays, *La rosa blanca*, *Salvador*, *Cortar por lo más delgado*, *Culpas ajenas*, *Los curiales*, *El hombre de la casa*, and *Sombras que pasan*; historical plays, *1810*, *El sargento Palma*, *Bajo la tiranía*, and *La vanguardia*; thesis or problem plays, *La tertulia*, *Un soñador*, *La piedra de escándalo*, *Los parásitos*, *Los parientes pobres*, *Amor vengado*,

and *La chacra de don Lorenzo*; tragedies, *Flor del aire*, *La tormenta de verano*, *Sebastián*, and *Vía libre*; and an allegory, *El granadero*.

La piedra de escándalo is Coronado's most famous play. Written in 1898, it was not staged until 1902. Its success was so great that after a run of five hundred consecutive nights, a brass plaque bearing the date of the opening night was hung in the Apollo Theater to commemorate it as a significant step in the development of the Argentine national theater. No small part of the success of the drama was due to the fact that five of its important rôles were played by members of the famous Podestá family.

La piedra de escándalo

Drama en tres actos y en verso

PERSONAJES

Don Lorenzo, abuelo
Don Pedro, padre
Leonor, hija mayor
Pascual, hijo mayor
Elías, hijo
Carlos, hijo
Rosa, hija menor, la "piedra"
Alejo, novio de Leonor

La acción pasa en 1889 en una chacra en los alrededores
de Buenos Aires

ACTO I[1]

Habitación de campo, sencillamente amueblada, en la chacra de don Pedro. En el fondo, a la derecha, una puerta, y en el centro una ventana con reja, que dan ambas sobre un patio. Puertas laterales, una a la derecha

---

[1] The entire play is written in three of the most commonly used Spanish meters: romance, redondillas, and quintillas. Only the first two appear in the selections included in this text.

y otra a la izquierda, que conducen al interior de la casa. En el muro del fondo una escopeta colgada de un clavo junto a la ventana. Esta está abierta, y por ella se ven los sembrados de la chacra, y en último término un chalet.

ESCENA I

Elías, Carlos, Leonor

(Todos de pie; agrupados a la izquierda y hablando con animación)

ELÍAS.   Es inúitil esperar
que ceda: con él, no hay medio
de hacerle entender razones,
por más que nos empeñemos.
Ya saben lo que es Pascual;[2]
no he visto un hombre más terco.

LEONOR.   ¡Y más tonto! A mí me tiene
cansada ya. Cuando pienso
que por él, por sus caprichos,
llevo la vida que llevo,
encerrada en esta chacra
que para mí es un destierro,
me dan ganas de romper
con todo, sin miramientos
de ninguna clase.

CARLOS.   Es claro.

ELÍAS.   El caso es que nos tenemos
que aguantar; pues él dirige
y manda aquí, con el cuento
de que el hermano mayor
tiene todos los derechos.
A todo cuanto le dicen
opone el gran argumento
de que hay en nuestra familia
una mancha que debemos
ocultar como él lo entiende,
haciendo vida de presos;

---

[2] *lo que es Pascual,* how Pascual is.

para que nadie se fije
en nosotros, y ande luego
la historia de boca en boca
y nos marquen con el dedo.

LEONOR.   Esa no es razón.

CARLOS.   Es claro.

LEONOR.   Eso no es más que un pretexto.
Lo que es a mí,[3] no me importa
lo que digan, ni me creo
obligada a pagar culpas
de nadie.

CARLOS.   Claro.

LEONOR.   Y tan luego
por Rosa, que puede ser
que a la fecha se esté riendo
de nosotros. Es la niña
como para hacerle duelo.

CARLOS.   Naturalmente.

LEONOR.   Que él lo haga,
si es gusto; yo no quiero,
y desde hoy en adelante,
lo que es Pascual[4] . . . le prometo
que no le he de sufrir más
sus caprichos.

CARLOS.   Por supuesto.

ELÍAS.   ¿Y qué harás? o mejor dicho,
todos nosotros, ¿qué haremos?

LEONOR.   Irnos. La chacra dichosa
me tiene hasta aquí. *(la frente)*

ELÍAS.   Yo pienso
lo mismo. Muy bien está
que en paciencia la sufriésemos
cuando no valía nada,
y no había otro remedio.
Pero ahora que esto vale
un dineral . . .

---

[3] *Lo que es a mi*, As far as I am concerned.
[4] *lo que es Pascual*, as for Pascual, with regard to Pascual.

CARLOS.   ¡Ya lo creo!
a un paso de la ciudad . . .
ELÍAS.   ¿Por qué no hemos de venderlo?
Al fin es lo que hacen todos
en esta época. Es cierto
que en la chacra hemos nacido,
que está llena de recuerdos,
y que en ella han enterrado
nuestro padre y nuestro abuelo
muchos años de su vida
y la savia de su cuerpo;
pero estas cosas, si tienen
su valor para los viejos,
no es justo que nuestro hermano
las invoque en su provecho.
Si Pascual fuera algún rústico
me explicaría su apego
a la tierra; pero es que él
no tiene ni ese pretexto.
Pascual ha sido educado
en los mejores colegios,
como todos, y conoce
lo que es la vida de pueblo,
para preferir el campo
y los bueyes.
LEONOR.   Lo que veo
es que quiere mandar siempre
en la casa, y mantenernos
sometidos a su santa
voluntad.
CARLOS.   Claro que es eso.
LEONOR.   Pero a mí,[5] que se despida.
Yo me caso con Alejo
y me voy.
ELÍAS.   Será si él quiere
que te cases.

---

[5] *Pero a mí*, But for my part (as far as I am concerned).

LEONOR.　　　　　(*Sulfurándose*) ¿Sí? pues bueno
sería . . . ¡que haga la prueba!

ELÍAS.　　　　¡Oh! no le faltan deseos
de impedirlo. Por milagro
no ha levantado ya el vuelo
tu novio. Yo, en lugar suyo,
si me pusieran un gesto
como el que Pascual le pone
cada vez que viene a vernos,
y me hablaran como a él le habla,
te juro . . .

LEONOR.　　　　　　¡Si es un grosero!

CARLOS.　　Claro.

ELÍAS.　　　　　Es que no le conviene
que te cases, porque siendo
tú soltera siempre estamos
en lo mismo, y no podemos
hacer nada en lo que toca
a intereses.

(Leonor le mira sin comprender.)

　　　　　　Lo de menos
sería pedir la parte
de nuestra madre. Sí, pero
¿qué dirían de nosotros?
Nos pondrían como un suelo:
nos llamarían ingratos,
malos hijos; y el primero,
Pascual.

LEONOR.　　　　　No lo extrañaría.

ELÍAS.　　Pero estando de por medio
tu marido, ya las cosas
cambiarían. Él es el dueño
de exigir, cuando le plazca,
tu parte; y estos terrenos
tendrían que dividirse,
o venderse.

LEONOR.   Yo prefiero
que los vendan.

CARLOS.   Yo también.
¿Para qué diantre queremos
la tierra? ¿para mirarla?

ELÍAS.   Pues se vendería. Y luego,
a Buenos Aires a hacer
otra vida.

CARLOS.   A echar el resto,
como dicen. Por mi parte,
en cuanto caigan los pesos
en mi poder . . .

LEONOR.   ¡Y yo, Carlos!
Ya verás: iré a Palermo,
en coche, y tendré modista,
y mucama . . .

ELÍAS.   Todo eso
depende de que te cases.

LEONOR.   Pues me caso. Van a verlo,
y muy pronto.

*(Don Pedro sale por la derecha,
andando lentamente, muy abatido y
mirando al suelo, y se queda de pie
junto a la puerta, con la barba apoyada en la mano, y sin ocuparse de
los otros.)*

Escena II
Elías, Carlos, Leonor, don Pedro

CARLOS.   ¿Y esa venta
que dices, quién la hace?

ELÍAS.   Entiendo
que el juez. Alejo me ha dicho
que cuando algún heredero
no tiene la edad . . .

LEONOR.   Aquí,
lo que es la edad, la tenemos

todos, me parece. Saca
la cuenta.

ELÍAS.   Sí, todos; menos . . .

(titubeando)

LEONOR.   ¿Menos quién?

ELÍAS.   Rosa. *(Don Pedro, al oír*
este nombre, levanta la cabeza estre-
mecido.)

LEONOR.   *(Con disgusto)* ¿También
la cuentas?

ELÍAS.   ¡Y qué remedio!
Tan hermana es como todos.

LEONOR.   Es que, como Rosa ha hecho
lo que ha hecho, yo pensaba,
con el poco entendimiento
que Dios me ha dado, que a ella
no le tocaría en esto
nada, y que sería . . . vamos,
como si se hubiera muerto.

ELÍAS.   ¡Es nuestra hermana! ¿qué quieres?

LEONOR.   ¡Linda hermana! Yo no acepto
hermanas que me deshonran.

D. PEDRO. ¡Por Dios, hija!

ELÍAS.   *(Con inquietud)* (¡Estaba oyendo!)

(Todos se vuelven vivamente.)

D. PEDRO. Siquiera por caridad
deberías . . .

LEONOR.   Usted es dueño
de olvidar, y perdonarla;
lo que es yo, padre, no puedo,
no está en mí.

D. PEDRO.   La Providencia
puede castigarte.

LEONOR.   Creo
que bastante castigada

estoy ya sin merecerlo,
por causa de ella.

D. PEDRO. (*Tristemente*)   ¡Dios sabe
lo que estará padeciendo! (*Vuelve
a su actitud de abatimiento. En el
mismo instante, por la ventana del
fondo, vese llegar a Pascual.*)

LEONOR. (*Observándole con disgusto*)
Ahí viene el otro. Lo mismo
que siempre: ¡tiene un empeño
en rebajarse!

ELÍAS. (*Bajo*)   Delante
de él, ni palabra.

CARLOS. (*Llevando la uña a los dientes*)
Yo, ni esto.

ESCENA III

Elías, Carlos, Leonor, don Pedro, Pascual

(*Pascual sale por el fondo. Viste blusa de trabajo, botas y sombrero de paja de anchas alas. En la mano trae una azada, que deja en un rincón.*)

LEONOR. Estás . . . Pareces nacido (*con ironía*)
para peón. Yo no comprendo
cómo hay personas que humillen
su familia hasta ese extremo.

(*Le vuelve la espalda desdeñosamente.*)

PASCUAL. Parece que no les hace
mucha gracia el aparejo.
Tengan paciencia. Algún día,
cuando ustedes hayan puesto
alfombras y cortinados,
y hayan colgado del techo
una araña de diez luces,
para borrar el recuerdo
de las lonjas de tocino
que les velaron el sueño,

yo también pondré a esa altura
las prendas que les dan miedo,
y me ajustaré de talle
y andaré ahorcado del cuello.
Pero ahora, todavía
no es el caso de hacer gestos,
porque no se limpian surcos
de maíz—y de eso vengo—
ni con levita de cola
ni con galera de pelo.

LEONOR.   Mira, vergüenza debieras
tener.

PASCUAL.   Yo no me avergüenzo
de ser quien soy, ante nadie,
y en mi casa mucho menos:
aquí, de mi padre abajo,[6]
todos somos chacareros.
Me avergonzaría, sí,
de parecerme a . . . ese Alejo,
que debe a todos los bancos,
y se morirá debiendo.

LEONOR.   Hablas de envidia. *(con rabia)*

ELÍAS.   A decir
verdad, me parece feo
que trates a Alejo . . .

CARLOS.   Claro
que es feo; y más, pretendiendo
a Leonor . . .

PASCUAL.   Sé lo que digo;
y al fin, a ustedes no tengo
que darles explicaciones;
ya saben por qué. Y volviendo
a ese hombre, Leonor, ¿te has dado
cuenta clara del objeto
que le trae? ¿Estás segura
de que es amor verdadero

---

[6] *de mi padre abajo*, from my father down.

el amor que te pregona,
y no un interés, un medio
de arruinar a tu familia,
haciéndote su instrumento?

LEONOR.   Ni te quiero contestar
ni a ti te importa saberlo.
Lo que ahora viene al caso,
lo que importa, lo que debo
decirte, es que te equivocas
si te crees con el derecho
de mandarme.

D. PEDRO.   (*Aproximándose*) Leonor, hija,
entre hermanos . . .

LEONOR.   Es que es tiempo
de que sepa que también
tengo voluntad.

D. PEDRO.   Sí; pero
¿a qué viene?[7]

LEONOR.   Lo he sufrido
demasiado, y ya no puedo
consentir . . .

PASCUAL.   (*Con sorna*) Vas a casarte;
haces bien. Tú lo has resuelto;
y basta; ¿para qué más?
No necesitas consejos
de nadie; no tienes padre;
te gobiernas.

LEONOR.   Me gobierno,
sí, señor. Y si hago mal,
a nadie le importa.

PASCUAL.   (*Serio y con firmeza*) Creo
que te engañas. Nos importa,
y mucho, porque tenemos
el deber de no dejarte
hacer locuras. Y luego,
no es verdad que en tales casos

---

[7] *¿a qué viene?*, to what purpose?

sean libres por entero
las mujeres que han nacido
honradas y quieren serlo;
que a ésas las encadena
todo, hasta el propio respeto,
y la libertad las mata,
como a los esclavos viejos.

LEONOR. Eso a mí no me lo tienes
que decir, porque yo pienso
casarme como Dios manda,
y no seguir el ejemplo
de Rosa, tu preferida . . .

D. PEDRO. ¡Por Dios, Leonor!

LEONOR. Tu modelo
de bondad, y que de buena
tomó la calle del medio.[8]

D. PEDRO. ¡Hija!

PASCUAL. No hables de tu hermana,
Leonor, que escupes al cielo,
pues su culpa es culpa tuya.

LEONOR. ¡Mía! pero ¿no oyen esto
ustedes?

PASCUAL. Niña sin madre,
privada del bien supremo
que borra todas las lágrimas
con el calor de sus besos,
en esa edad peligrosa
de inquietudes y de anhelos,
en que la razón no sabe
luchar con el sentimiento,
no halló en ti, su única hermana,
sino frialdad y despego,
y en vez de abrirle tus brazos
para defenderla en ellos,
la empujaste en la caída
con tus desvíos de hielo.

---

[8] *de buena tomo la calle del medio*, left the path of virtue.

D. PEDRO.	¡Es verdad! *(Dolorosamente)*
LEONOR.	Muy inocente era la niña; sus hechos lo han probado.
PASCUAL.	Todos somos culpables, no te lo niego; pero tú . . . tú mucho más. Tú sabías el secreto de su amor, y las angustias de su corazón enfermo, y nunca fuiste capaz de llevar calma y consuelo a aquel corazón; y nunca cruzó por tu pensamiento la idea de que debías, por deber y por derecho, ampararla como madre.
D. PEDRO.	Es verdad.
LEONOR.	*(Con irritación)* Seguirte oyendo, sería tener paciencia de santo. *(Se dispone a marcharse.)*
ELÍAS.	Vámonos: veo que aquí Pascual es el único que tiene voz.
PASCUAL.	Lo que tengo es juicio.
LEONOR.	Puedes hablar solo. *(Vase por la izquierda. Elías y Carlos siguen tras ella.)*
CARLOS.	Claro: nos iremos.

[Rosa, abandonada en Buenos Aires por su seductor, vuelve a casa pidiendo perdón y amparo a la familia. El abuelo, el padre, y Pascual la reciben con cariño y compasión. Leonor, Elías, y Carlos se escandalizan y se indignan. Es difícil guardar el secreto de la desgracia de Rosa para que no lo sepa Alejo.

Leonor y Alejo se casan, y cuando vuelven a casa de don Pedro para despedirse antes de pasar a su chalet, Pascual habla muy claro.]

ACTO III, Escena VI

Pascual, don Lorenzo, don Pedro, Alejo,

Leonor, Elías, Carlos

PASCUAL. *(Encarándose con Alejo)*
Creo cumplir un deber
poniendo en claro este asunto . . .

Son siempre muy enojosas
las cuestiones de dinero,
porque el amor verdadero
no se ocupa de estas cosas,
y al casarse con Leonor
de fijo usted no lo ha hecho
para invocar un derecho
reñido con el amor.
Pero como hay por ahí
malas lenguas que sostienen
lo contrario . . .

LEONOR.   ¿Y a qué vienen
tus historias?

ALEJO.   ¡Oh! por mí . . .

PASCUAL. Muchas veces de un detalle
depende toda la vida,
y ante la duda sentida
no es justo que yo me calle.
Según dicen, es la herencia
de mi madre . . .

ALEJO.   Yo protesto . . .

LEONOR. ¿Y para que oigamos esto
nos detienes? ¡Qué insolencia!

PASCUAL. Leonor, tienes que excusarme:
será insolencia, o capricho,
pero hay dudas, ya lo he dicho,
y no soy hombre de andarme
con rodeos . . .

LEONOR.   Lo que ganas
es hacerte despreciar.

PASCUAL.   Ni de dejarme embaucar
              por dar gusto a mis hermanas.
              ¿Qué le importa, al fin de todo,

              (con creciente ironía)

              a él que tiene intenciones
              tan puras? Si hay corazones
              que se agitan en el lodo,
              que han hecho de la codicia
              el imán de sus deseos,
              y sienten, como los reos,
              el miedo de la justicia;
              otros hay envanecidos
              de su nobleza y valor,
              que no tienen más temor
              que el de no ser comprendidos.
              El suyo ¿es de los primeros,
              o de los últimos?—Vamos
              a saberlo.

LEONOR.   Es que no estamos
              para oír . . . *(Se retira impaciente
              hacia el fondo.)*

PASCUAL.   Los chacareros,
              gente positiva y ruda,
              y curada de escarmientos,
              no usamos de cumplimientos
              cuando nos pincha una duda.

ALEJO.   Pero esa duda no debe
              existir . . . Yo me he casado
              por amor, y nunca he dado
              motivo.

PASCUAL.   Cuando lo pruebe,
              lo creeré. Será[9] muy puro
              su cariño, muy honrado,
              pero yo soy desconfiado,
              y deseo estar seguro.

---

[9] *será* (future of probability or conjecture), may be.

ELÍAS.	Tiempo sobra: ya tendrás ocasión . . .
CARLOS.	Claro: no puedes ahora . . .
PASCUAL.	No es con ustedes; es con él. Por lo demás, es un caso de conciencia para mí.
LEONOR.	*(Nerviosa)* Pero, ¿hasta cuándo?
PASCUAL.	Calma, ya vamos llegando al final: tengan paciencia *(Una pausa. Rosa vuelve a salir por la izquierda y se queda escuchando junto a la puerta.)*

Escena VII

Dichos y Rosa

PASCUAL.	La primera reja de arado *(a Alejo)* que removió estos terrenos, que hoy son nuestros y no ajenos, porque Dios nos ha ayudado, la dió él, la dió este anciano

(por D. Lorenzo)

	que aun nos conserva el cielo: él hizo fecundo suelo, abrió el surco, y echó el grano. Por su trabajo tenaz, por su esfuerzo infatigable, tuvo el hogar miserable contento, abundancia y paz.
LEONOR.	*(Aproximándose otra vez)* Será muy lindo tu cuento, pero ahora, ¿quién soporta?
CARLOS.	Es claro.
LEONOR.	A nadie le importa.

D. LORENZO.	*(Inquietándose)*
	Es que es verdad, ¡sacramento!
PASCUAL.	Cuando mi padre compró
	la tierra, su eterno sueño,
	y pudo llamarse dueño
	de la casa en que nació,
	hizo de aquélla memoria,[10]
	y por cariño y respeto,
	cumplió el anhelo secreto
	de mi madre que esté en gloria.[11]
D. LORENZO.	Era una santa muquer,
	y me quería y en fin,
	hicos, no hay más que Pedrín . . .
	Le hice el gusto, ¿qué iba a hacer?
D. PEDRO.	*(Abstraído hasta entonces, ha ido*
	interesándose poco a poco en lo que
	se habla.)
	La pobre tuvo el consuelo
	de verlo.
PASCUAL.	Y tan es así,
	que esta chacra, y todo aquí,
	está a nombre del abuelo.
ELÍAS.	*(Sin poder contenerse)*
	No puede ser.
CARLOS.	*(Lo mismo)* Claro.
D. LORENZO.	¿Cómo
	que no puede, sacramento?
CARLOS.	Se me ha cortado el aliento,

(bajo a Elías)

	¿y a ti?
ELÍAS.	*(Lo mismo)* Tengamos aplomo.
PASCUAL.	*(A Alejo, que está cabizbajo)*
	No vendrá a nuestro poder
	la chacra por consiguiente,

---

[10] *hizo de aquélla memoria,* he made a memorial of it (the land).

[11] *que esté en gloria* (a pious exclamation used in speaking of the dead), may she be happy in heaven! or, God rest her soul!

sino en el orden siguiente,
cuando llegue a suceder:
tiene que morir primero
nuestro abuelo el propietario,
y después es necesario
que se muera su heredero.
Es cosa de echarse atrás
el más heroico pariente
porque usted ve, tanta gente
no se muere así no más.[12]

ALEJO.   (¡Y para esto me he casado!)

LEONOR.   ¡Ésa es otra grosería
como tuya!

PASCUAL.   *(Con sorna)* Se diría
que el cuento no le ha gustado.

D. LORENZO.   No es cuento: yo lo firmé
la compra.

PASCUAL.   Leonor no tiene
nada. Conque, si usted viene
por herencias, échele
un galgo al caudal soñado,
y resígnese, y no olvide
la lección.

LEONOR.   Él nada pide,
nada, ¿qué te has figurado?
Él tiene más corazón
que tú, y piensa de otro modo,
¿entiendes? y sobre todo,
tiene más educación.
Pero al fin llega un momento
en que el mejor educado
no se calla . . .

CARLOS.   (¡Me han fumado!)[13]

LEONOR.   Y vas a quedar contento.
Vas a oír—Háblale, Alejo,

---

[12] It is something to discourage the most heroic relative because, naturally, so many people do not die off just like that.
[13] *¡Me han fumado!* They have finished me! (It is my finish!)

como él lo merece, claro
y sin vueltas; ya el reparo
es inútil.

ELÍAS.   (¡Y que el viejo
nos embrome! . . .) *(El y Carlos se*
han separado del grupo, y se mantienen
cavilosos en el fondo. Alejo mira al
suelo y medita.)

LEONOR.   *(A Alejo)* ¡Dile!

ALEJO.   *(Levantando la cabeza con disgusto)*
                            ¿Yo?
¿para qué?

LEONOR.   Soy tu mujer . . .
Hazle sentir, hazle ver
que sólo el cariño . . .

ALEJO.   *(Con desaliento)* No.
Sería indigno de mí
defender mis sentimientos . . .
(¡Ay, Señor, qué malos vientos
me trajeron por aquí!)
Que crea, que piense mal;[14]
mi conciencia . . .

PASCUAL.   Tiene cara[15]
de eso.

ALEJO.   (¡Si al menos llevara[16]
la otra!) *(mirando de reojo a Rosa)*

LEONOR.   *(Furiosa)* Mira, Pascual,
si por propia dignidad
él no quiere defenderse,
porque sería ponerse
al nivel de tu ruindad,
yo te digo por los dos
que por grosero y por necio
sólo mereces desprecio.

D. PEDRO.   ¡Hija!

---

[14] *que piense mal,* let him think ill.
[15] His face betrays him.
[16] If I had only got the other girl!

LEONOR.	¡Pronto! vámonos. (*Toma el brazo de Alejo y le arrastra hacia el fondo, y ya en la puerta, se vuelve por última vez.*) Adiós, padre; adiós, abuelo; será hasta que Dios lo quiera. (*Vase rápidamente con su marido.*)

ESCENA VIII

Dichos menos Leonor y Alejo

ROSA.	¡Ni me ha mirado siquiera! ¡Qué mala!
PASCUAL.	Él va de duelo, y ella . . . En fin, es el castigo; no puede darse una pena más dura que la cadena[17] que los dos llevan consigo.
D. PEDRO.	¡Pobre mi hija! ¡lo que tiene que sufrir!
D. LORENZO.	¡Eh! no hay que hacer.
PASCUAL.	¿Y ustedes? vamos a ver, (*a Elías y Carlos*) ¿qué esperan? ¿qué los detiene? ¿No van con ellos?
ELÍAS.	Sí, sí . . . es que nos has aturdido con la discusión.
PASCUAL.	¿O ha sido el desengaño?
CARLOS.	Por mí . . . ¡qué ocurrencia! ni que fuera uno . . .
ELÍAS.	Deja. Vamos, Carlos: (*disgustado*) tenemos que acompañarlos.

---

[17] *la cadena*, the bond (of marriage).

CARLOS.   Claro: por cumplir siquiera.

(*Se dirigen al fondo tristemente.*)

PASCUAL.   (*Yendo tras ellos*)
Tengo que advertirles esto
a los dos: desde mañana,
aquí cada cual se gana
la vida; yo lo he dispuesto.
Y espero que no lo tomen
a mal, es bueno que acaben
las holganzas. Ya lo saben:
si no trabajan, no comen.

(*Vuelve a su sitio. Don Pedro y don Lorenzo contemplan la escena suspirando. Carlos y Elías se van por el fondo discutiendo entre sí con grandes ademanes de indignación y protesta.*)

[Poco después que se han marchado los novios viene a robar a Rosa el villano seductor acompañado de tres amigos suyos. Le mata de un tiro de escopeta un gaucho, criado de don Pedro. El telón cae en el momento en que los otros tres hombres se arrojan sobre el gaucho.][18]

---

[18] Fifteen years later, in order to satisfy persistent public demand, Coronado wrote a sequel to this play, entitled *La chacra de don Lorenzo* (1917), which picks up the action after a lapse of five years. Alejo and Leonor have returned to the farm with their charming little daughter. In the end the young gaucho, who had served a prison term for his attack that night on Rosa's seducer, decides to go to the frontier to begin life anew, and Rosa marries him and goes with him.

Ollantay

DON RICARDO ROJAS was born in Tucumán in 1882 and died in 1957, and was an outstanding figure in Argentine letters and education. He is best known in the United States for his monumental eight-volume *Historia de la literatura argentina* (1917–1922). His finest production in the field of drama is *Ollantay* (1939), which was preceded by *Elelín* (1929), based on the period of Spanish conquest, and *La casa colonial*, a *comedia de la Independencia*. Among his other works are: *La victoria del hombre* (1903), *El país de la selva, El alma española* (1907), *Cartas de Europa* (1908), *Los lises de blasón* (1911), *Blasón de plata* (1912), *La sangre del sol, Los cantos de Perséfona, Canciones, La argintinidad* (1920), *Los arquetipos* (1922), *Eurindia* (1922), *Discursos* (1924), *El Cristo invisible* (1927), *Radicalismo de mañana* (1931), *El Santo de la Espada* (1933), and *Cervantes* (1935).

Ollantay found its inspiration in a prehistoric legend of the Andes. When a group of Spaniards under Francisco Pizarro reached Peru in 1532 they found a highly organized empire of Indians, governed by Incas, which had been in existence for several centuries and established ages before by a certain Manco Cápac, who claimed to be the son of the Sun and Moon. Among the strict laws of the Incas was one which prohibited the marriage of Indians of royal blood

(sangre solar) to those not so fortunate as to belong to the "children of the Sun." Among the nobler vassals of the Incas was stalwart young Ollantay, chieftain of a province under Inca rule, who fell in love at first sight with the beautiful Princess Royal, the Nusta Coyllur. Enraged at the idea, the Inca vents his wrath upon the Princess by putting her in the convent of the Virgins of the Sun and orders the death of the presumptuous Ollantay. According to the version of the legend used by Rojas, Ollantay escapes, abducts the Princess from the convent, and carries her to his stronghold in the Andes. They are captured. Ollantay is beheaded and his body burned by command of the Inca, while Coyllur is banished beyond the realm of the empire.

In a version of the legend used in a play produced between 1770 and 1780 the lovers meet a happier fate. After several years of persecution, the wrathful old Inca dies, and Ollantay is pardoned by his more lenient successor. Ollantay is permitted to marry faithful Coyllur.

The interest of Rojas in Incan lore and the Quichua language dates from his childhood. His father and some of his father's friends were expert *quichuistas*, and the boy grew up with this interest as part of his heritage. His studies in this field inspired a good portion of his literary output. The most comprehensive of these studies is *Un titán de los Andes*, published shortly before the appearance of *Ollantay*.

The first act of the play, which Rojas calls *Prólogo de los presagios*, presents the essence of the tragedy in the Inca's dream, the music and the song of Ollantay's chorus, the ritual Dance of the Serpent, and the break between Ollantay and the Inca. The three remaining acts merely present with pictorial magnificence the material realization of the fatal omens. The symbolism of the drama is man's struggle to free himself from domination. Those who read this remarkable play will not be surprised that it met overwhelming success in its stage presentation.

The metrical freedom used in the play is noteworthy. In general the verses are in rhyme or in assonance, but there is occasional free or blank verse. The verses vary from six to fourteen syllables, a short line being a rhythmical unit of the longer ones it accompanies. Rojas says his aim was to fit the rhythm to the person speaking and to the situation. Therefore, we find lyric, heroic, popular, or priestly movement in the verse as demanded by circumstances. Examples of all these may be found in Act I.

The *yaraví* sung before the Inca (page 114), identified by the *Haraveco* as a song of the shepherds of the Andes, is in *romance*, the ballad meter used by simple folk through the ages. Ollantay, appearing first in scene 12, speaks regularly in dignified eleven-syllable lines rhyming *abba* or *abab* (see page 115). In the same measure we find the words of the High Priest, chanted rather than spoken (page 109).

The opening scene of the play is in *romance*, in keeping with the subdued simplicity of the action against the rich background and, above all, with the mood of Coyllur. The Princess is wearing a soft yellow dress with a violet girdle, a diadem of gold, a necklace of emeralds, and splendid bracelets on her bare arms. It was the author's expressed intention to preserve harmony in every scene between the color of the attire worn by Coyllur and the rhythm and tone of the text and action. Thus we find the Princess dressed in pearl grey in the quiet, subdued atmosphere of the convent (Act II), appearing in red and gorgeous jewels in the war scenes (Act III), and brought before the Inca (Act IV) with her red dress torn, her hair down, and without her diadem and jewels.

Ollantay[1]

Tragedia en cuatro actos y en verso

PERSONAJES

Ollantay, Titán de los Andes
Coyllur, la Ñusta, princesa hija del Inca
Yupanqui, el Inca, Hijo del Sol
Anahuarqui, la Koya o reina, madre de Coyllur
Salla, de la familia real, aya de Coyllur
Huillacuma, Gran Sacerdote del Sol
Pikichaqui, asistente de Ollantay
El Haraveco, coribante de Ollantay, y su Coro
Músicos, cantores

---

[1] All Quichua names are accented on the next to last syllable.

La acción pasa en el Cuzco y otros lugares del Imperio del Sol, bajo el reinado del Inca Túpac Yupanqui.

Palabras del Himno Nacional Argentino, que serán pronunciadas en la sala sin luz, antes de levantarse el telón.

Se conmueven del Inca las tumbas
Y en sus huesos revive el ardor,
Lo que ve renovando a sus hijos
De la Patria el antiguo esplendor.

ACTO I

Sala del Inca en su palacio del Cuzco

El Destino

En Killkampata, palacio imperial de los Incas del Cuzco. En el sitio de honor, la tiana, trono del Inca, sobre gradería cubierta de cojines multicolores.

ESCENA I

Coyllur, Salla y servidores del Inca

Al levantarse el telón, Coyllur, vestida de color malva, con cinturón violeta, está sentada frente al trono en una silla de cabezas de pumas, y asiste silenciosa a esta escena, como reconcentrada en su propio pensamiento. Varios servidores, los bustos desnudos, entran por el foro y van depositando los objetos que se nombran.

SALLA.   Poned en este lugar,
Al pie del trono, esas mantas.
Allá, las ánforas de oro;
Aquí, los vasos de plata.

SERVIDOR 1º.   *(Al colocar los objetos que traen)*
Para la fiesta del Sol
Esta chicha fue guardada.

SALLA.   ¿Qué traéis?

SERVIDOR 2º.   Chuspas de coca.

SALLA.   Junto a los vasos dejadlas.
¿Aún hay más?

SERVIDOR 3⁰.   Hay este escudo
Y esta insignia y estas armas.

(Muestra un escudo que tiene pintado un cóndor y una insignia coronada por un sol de oro; acompáñalo otro hombre con un arco de plata. Los objetos quedan en ostentación.)

SALLA.   Dejadlos también aquí,
Porque todo es para Ollantay.

(Coyllur, al oír el nombre de Ollantay, levanta la cabeza, inquieta, y torna a quedar[2] ensimismada.)

SERVIDOR 3⁰.   Las tropas que ya volvieron
De las provincias domadas
Dicen que el triunfo se debe
A la bravura de Ollantay.
SERVIDOR 1⁰.   ¡Cuánto esplendor!
SERVIDOR 2⁰.   Fiesta hermosa
Tendrá hoy el Inca en su casa.
SALLA.   Podéis iros.
SERVIDOR 1⁰.   ¡Noble rey!
¡Bien haya[3] aquel que lo alaba!

(Los servidores vanse por el foro.)

Escena II

Salla y Coyllur

SALLA.   *(Acercándose dulcemente a Coyllur)*
¿Qué nueva pena, Coyllur, te acongoja? ¿Qué pena
Nueva nubla tus ojos?
COYLLUR.   Ninguna, Salla buena.
SALLA.   Yo que, cuando eras niña, te enseñé las plegarias[4]
De Inti que está en los cielos,
Y las dulces canciones legendarias

---

[2] *torna a quedar—vuelve a quedar*, again becomes.
[3] *Bien haya*. Blessings on.
[4] *plegarias de Inti*, prayers to Inti, the Sun, the god worshiped by the Peruvian Indians.

De los Incas abuelos,
Yo conozco el secreto de tu alma pensativa . . .

COYLLUR. Solloza allá en la selva la paloma cautiva,
Y en su montaña el puma ruge con torva saña;
Pesa un mismo dolor en todo carne viva:
Pájaro de la selva, fiera de la montaña . . .

SALLA. ¡Misterio del amor que, siendo la alegría,
Se alimenta de lágrimas y de sangre se cría!

COYLLUR. El triunfo en las provincias del Inca, y en su casa
El invisible augurio de la tragedia pasa . . .

ESCENA III

Salla, Coyllur, y Huillacuma

SALLA. Oigo rumor de gentes
En el portal . . . *(A Coyllur, que se le acerca)*
Escucha . . .

HUILLACUMA. *(Entrando por el foro, con sus insignias sacerdotales; se detiene un momento, haciendo ademán de bendecir; ambas mujeres se inclinan reverentes.)*
¡La paz sea en la casa
Del Sol!

COYLLUR. ¡Oh, Huillacuma!

SALLA. ¡Salve! Gran Sacerdote:
¿Qué dicha nos auguras?

COYLLUR. En un día como éste
Signos habrá, sin duda . . .

HUILLACUMA. No son gratos agüeros los que he visto en la Luna.
Luchan signos contrarios, buena y mala fortuna.
Sacrifiqué en el rito dos llamas de la Puna.
Pero el Sol tiene sed de la sangre del runa.

(El Sumo Sacerdote pasa, lentamente, por la puerta de la derecha, a las cámaras del Inca; Salla sigue tras él, al propio tiempo que Anahuarqui, la reina, entra por la izquierda.)

ESCENA IV

ANAHUARQUI.   ¡Hija mía!

COYLLUR.   ¡Oh, mi madre! *(Se abrazan en silencio.)*

ANAHUARQUI.   Levanta la cabeza, hija mía: tu padre
                    Lleno está de congojas, de aprensiones . . .
                    La Paz venció en el Reino de las Cuatro Re-
                        giones[5] . . .
                    Con la ayuda de Ollantay han triunfado sus armas;
                    Pero no sé qué alarmas
                    Velan su pensamiento . . .
                    Estos últimos días anduvo taciturno;
                    Y ahora está como un bosque nocturno
                    Cuando susurra el viento . . .
                    Tu padre anoche tuvo un sueño
                    En el que vió signos fatales.
                    Hoy, de mañana, con hábil empeño,
                    Le pedí las señales . . .

COYLLUR.   ¿Y cómo era ese sueño, madre?

ANAHUARQUI.   Dice que ha visto el río de Urubamba
                    Manando olas de sangre en el abismo;
                    Luego, en los Andes, vió elevarse un cóndor
                    Que parecía un pájaro de fuego;
                    Y allá en la noche, sobre las montañas,
                    Vió apagarse una estrella . . .

COYLLUR.   ¿Vió apagarse una estrella?

ANAHUARQUI.   ¡Vió apagarse una estrella!

COYLLUR.   Trágico sueño, madre, es el que cuentas.

ANAHUARQUI.   Trágico es, hija mía. Tú conoces
                    Que la divina raza de los reyes
                    Tuvo agüeros atroces,
                    Más de una vez, si quebrantó sus leyes.
                    ¿Acaso, Coyllur, hija mía, oíste
                    Que el jefe del ejército del Norte,
                    El bravo Ollantay, el guerrero triste,
                    Esta tarde él también vendrá a la Corte?

---

[5] *las Cuatro Regiones*, a name given to the Inca empire.

COYLLUR.	Sé que él viene y que espera
	Premio del Inca su lealtad guerrera.
ANAHUARQUI.	Mas el Inca, tu padre, ¿cómo puede
	Premiar al noble Ollantay, si su fortuna excede
	Toda ambición? . . . Es suyo
	El mayor principado del gran Tawantinsuyo,
	Y son su orgullo y su poder tan grandes
	Como su propio título de Señor de los Andes.
	Coyllur, en esto finca
	La duda de tu padre.
COYLLUR.	Yo espero, dulce madre,
	Que ha de ser generosa la sentencia del Inca.

Escena V

Dichos y Pikichaqui

PIKICHAQUI.	*(Entrando por el foro)*
	Salve, Anahuarqui, nuestra Koya,
	Salve, Coyllur, nuestra princesa.
ANAHUARQUI.	¡Pikichaqui, el de pie ligero!
COYLLUR.	¡Pikichaqui, el buen mensajero!
ANAHUARQUI.	Di presto el mensaje que portes,
	Pues bien sabemos quién te envía.
PIKICHAQUI.	Dice Ollantay, mi Apo, que hoy día
	Concurrirá del Inca a las cortes
	Para postrarse ante la tiana
	Donde trona el Cápac potente;
	Que ante ti su alma, reverente,
	Se inclina, Oh reina soberana;
	Y junto con este mensaje,
	Para la hija de la Koya,
	Como señal de su homenaje,
	Envía, rendido, esta joya.

(Entrega a Anahuarqui una flor de oro.)

ANAHUARQUI.	Gentil guerrero . . .
COYLLUR.	¡Y qué sorpresa!
	¿Es para mí?

PIKICHAQUI.   Tuya es, princesa.
                    La encargó para ti mi Señor
                    Al más hábil de sus orfebres,
                    Para que tú también celebres
                    Su victoria con una flor.
COYLLUR.   ¡Mírala bien, madre, qué bella!
                    ¡Mírala, cuánto resplandece!
ANAHUARQUI.   Tan hermosa es que parece
                    Más bien que una flor, una estrella . . .
                    Voy a mostrarla a tu padre. *(Vase por la derecha.)*

ESCENA VI

Coyllur y Pikichaqui

PIKICHAQUI.   ¿Puedo hablar?
COYLLUR.   Sí.
PIKICHAQUI.   Ollantay dice
                    Que si marchó a las batallas
                    Fue porque prendas de amor
                    Tú le diste en esperanza;
                    Y que vendrá a hablar al rey,
                    Dispuesto a la última hazaña,
                    Si es que tu amor no vacila.
COYLLUR.   ¡Nunca vacila quien ama!
PIKICHAQUI.   Dice también que conmigo
                    Envía un coro a esta casa
                    Para saludar al rey
                    Con cantos de su montaña;
                    Que te fijes en las coplas
                    Del haraveco que canta,
                    Y que la música aprendas
                    De las quenas que acompañan.

(Mutis por el foro.)

* * *

ESCENA IX

El Inca Yupanqui, Huillacuma, Coyllur, Anahuarqui
el Haraveco, el Coro

*(El Coro se detiene en la puerta; el haraveco que lo conduce saluda al
Inca con ambos brazos en alto; se adelanta solo y prosterna ante el trono.)*

YUPANQUI.	Habla, Haraveco; escucho tu mensaje.
EL HARAVECO.	Hijo del Sol, divino rey del Cuzco:
	A tu augusta presencia, el homenaje
	De Ollantay, mi señor, aquí conduzco.
	En la hora del peligro, a tu llamada,
	Vino con gente armada;
	Mas, en el día de victoria,
	Quiere, a tu faz sagrada,
	Con este coro celebrar tu gloria.
YUPANQUI.	¡Entrad, gentes del coro!
	Alegraos[6] conmigo,
	Gratos heraldos de un leal amigo;
	Danzad, cantad, ante la tiana de oro.

(Entran y se acomodan reverentes.)

EL HARAVECO.	Señor: comenzaré según dispones . . .
	¿Quieres oír un huaino de las quenas?
	¿Quieres un yaraví de mis canciones?
	¿Quieres danzas amenas?
YUPANQUI.	Haz que tañan al huaino que dijiste.
EL HARAVECO.	Oirás su queja misteriosa y triste.

*(Las dos quenas tocan el huaino; el Inca lo oye
pensativo.)*

COYLLUR.	Yo de nuevo escucharlo quiero.
ANAHUARQUI.	No, que es canto asaz doloroso.
YUPANQUI.	Prefiero oír un melodioso
	Yaraví.
ANAHUARQUI.	También yo lo prefiero.

---

[6] *alegraos*, rejoice; the correct form of the familiar second person plural of *alegrarse*.

EL HARAVECO.	Haré, Capac, que el coro taña Un yaraví de copla bella: El que llaman en mi montaña Canción del Cóndor y la Estrella.

    (Los músicos tañen el yaraví y el cantor dice estos versos.)

CORO.	En el alba de los Andes Un Cóndor ha alzado el vuelo, Por una Estrella que luce En los portales del Cielo. El Sol, celoso del Cóndor, Para cortarle su anhelo, Ha incendiado en el oriente, Sobre las cumbres, el Cielo. En sus garras trae el Cóndor La Estrella de su desvelo; Y es una estrella que falta En el palacio del Cielo.
HUILLACUMA.	¡Extraña copla, a fe mía! Parece copla de amores . . .
EL HARAVECO.	Canción es de los pastores Allá por la sierra mía . . .
YUPANQUI.	Quisiera danzas.

[Una mujer, cubierta por un gran manto negro, se adelanta y queda inmóvil ante el trono. El Haraveco retira el manto y la mujer, desnuda si no fuera por sus muchos adornos de plumas, piedras preciosas, ajorcas, brazaletes y cinturones que le cubrían el cuerpo, baila una danza simbólica y sensual que no agrada al Inca ni a su corte.]

Escena XI

YUPANQUI.	*(Viendo a Coyllur que asoma por la puerta del foro, pensativa.)* ¡Coyllur! ¡Mi Cusi Coyllur! . . . Oh doncella Del Inca idolatrada . . . Ven aquí, la hija amada,

A quien llamé mi "jubilosa estrella."

(Coyllur se acerca lentamente, el Inca la toma de la mano.)

Ven a mi lado a confortar mi empeño,
En esta hora de pruebas y de llanto.
Un cóndor y una estrella, eso fue el sueño.
Un cóndor y una estrella, eso era el canto.

(Coyllur permanece al lado de su padre, con la cabeza inclinda, silenciosa.)

Hija mía: ¿en qué piensas?

COYLLUR.   Yo, padre mío, ya no sé pensar . . .
Siento en mi corazón cosas inmensas,
Y sólo sé llorar . . .

(Ahogada de sollozos abraza a su padre sin poder seguir hablando. La escena interrúmpese bruscamente con la entrada de un hombre de armas que asoma por el foro.)

UN HOMBRE DE ARMAS.   Cápac: Ollantay llega.
YUPANQUI.   Puede entrar.

(Coyllur, inquieta, desciende la grada del trono. Se oye un rumor de aclamaciones y una trompa guerrera entre un son de tambores.)

ESCENA XII

OLLANTAY.   *(Entra por el foro, vestido con esplendor,—piernas y brazos desnudos—el champi en la cintura; da un paso adelante y se inclina ante el trono, las dos manos en alto.)*
Hijo del Sol, gran Cápac de la raza;
Formidable Señor de las Cuatro Regiones:
En horas de ansiedad para esta casa
Por ti llevé a la guerra mis legiones . . .
Cuando salí para la lucha fuerte,
Premios a mi lealtad me prometiste . . .
Y me llamaron el guerrero triste
Porque sólo busqué premio en la muerte.

No hallé ese premio . . . Aún mi pecho late . . .
Y al volver triunfador de la contienda,
Pongo a tus pies, como postrera ofrenda,
El champi agudo que llevé al combate.

*(Depone su hacha de guerra en las gradas del trono y
dobla la rodilla con intención de prosternarse.)*

YUPANQUI.   *(De pie)*
¡Ven a mis brazos, valeroso amigo!

*(Ollantay sube al trono y se estrechan ambas manos,
ante la emoción de todos.)*

Disipe el corazón vanas tristezas.
Quiero en reposo departir contigo;
Y pongo al Sol entre ambos por testigo
De que voy a cumplirte las promesas.

*(El Inca torna a sentarse en su tiana de oro; Ollantay
besa el Suntur-paucar y desciende una grada en el trono,
como para retirarse.)*

Pero antes debo
Beber contigo esta sabrosa chicha.

*(Salla, que acaba de entrar, ha servido en dos vasos
de oro, que entrega al Inca, y éste da uno a Ollantay.)*

Brindo yo por tu dicha.
OLLANTAY.   Yo por la tuya bebo.
YUPANQUI.   Hoy recibí en mi sala los cánticos del coro;
Y Coyllur recibió la flor de oro
Que le enviabas. También yo te saludo
Con las prendas del arte:
Son esa insignia, ese arco y ese escudo;
Prendas viriles de amistad dichosa,
Yo en ellas quiero darte
Los símbolos de tu alma generosa.

(Presentan las ofrendas.)

Ya ves si el Inca tu amistad aprecia.
Hija mía, tu mano
Ponga en la mano recia
De Ollantay el obsequio.

OLLANTAY.   Oh, soberano:
Tan soberbio presente, por ser tuyo,
Y por la mano que ante ti lo entrega,
Me hace doblar la frente que en la brega
Nadie ha doblado en el Tawantinsuyo.

COYLLUR. *(Mientras esto dice, ha entregado las prendas; Ollantay embraza el escudo, tercia el arco y alza la insignia con heroico gesto, dejando libre la diestra para el ademán.)*
A la Luna—¿lo ves?—el arco imita;
Y al sol la insignia; y el escudo tiene
Pintado un Cóndor, que muy bien se aviene
Con tu linaje, y a la gloria incita.

OLLANTAY. *(Sonríe a Coyllur y luego se dirige al Inca.)*
Tú promestiste, al empezar la lucha,
Que a todos su lealtad les premiarías;
Que lo que yo pidiese me darías,
Si volvía triunfante . . .

YUPANQUI.   Amigo, escucha:
Con todos he cumplido y estos días,
Chacras, ganado, ajuares y fortuna,
Gobernaciones de muy rica tierra,
Todo lo di, sin cortedad ninguna,
A cuantos me ayudaron en la guerra.
Tú, noble Ollantay, con tu heroica mano,
Trajiste para el Inca la victoria:
Yo debo ahora, como soberano,
Dar premio digno a tan insigne gloria . . .
Dime, Ollantay, ¿qué quieres?

(Ollantay permanece turbado, y todos lo contemplan, ansiosos.)

¿Por qué callas?
Bien sé, Ollantay, quién eres
Y cómo te portaste en las batallas.

OLLANTAY.   Cápac: contra los chancas, en tu ayuda,
               Grité con alta voz al duro apremio;
               Pero mi lengua de emoción se anuda
               Hoy que me ordenas señalar mi premio.

YUPANQUI.   Abre tu pecho con leal confianza.
               Premio mereces, y no habrá querella.
               Di con qué dones sueña tu esperanza.
               Di lo que quieres . . .

OLLANTAY.   ¿Yo? Quiero una Estrella.

YUPANQUI.   Explícate mejor . . .

OLLANTAY.   ¡Quiero a la Ñusta!

YUPANQUI.   ¡Locura atroz, que a comprender no atino!

OLLANTAY.   Yupanqui: a tu alma justa
               Aquí me entrego . . . ¡Tuyo es mi destino!

YUPANQUI.   Premios te prometí; mas la promesa
               No fué jamás de quebrantar las leyes.
               En las venas de Coyllur, la princesa,
               Corre la sangre de los mismos reyes
               Que fundaron el Cuzco: la sagrada
               Sangre del Sol,[7] la sangre de la Luna,
               Que jamás de otra alguna
               Fue mezclada; y que no será mezclada
               Con la sangre del runa.
               Ésta es la Ley . . . Éste es el mandamiento
               De los Incas.

OLLANTAY.   ¡Yo soy el hijo de la Tierra, diosa
               Aún más antigua que la Luna madre!
               ¡Yo nací de esa entraña prodigiosa;
               Y Pachacámac es único padre!
               Si en Coyllur, la Princesa del Imperio,
               Corre la sangre de Inti, un Dios sin nombre
               Dióme el amor, cuyo fatal misterio
               Torna divino el corazón del Hombre.

YUPANQUI.   Ollantay, ebrio de pasión no mides
               El infinito abismo que os separa . . .
               Alto premio mereces; pero no el que me pides.

---

[7] *la sagrada sangre del Sol*, the holy blood of the Sun.

OLLANTAY.	¿Y si Coyllur me amara?
YUPANQUI.	¿Tú?
ANAHUARQUI.	¡No!
HUILLACUMA.	¿Qué esperas?
ANAHUARQUI.	¡Hija mía!
HUILLACUMA.	Prontas

Para cumplir la ley, tus armas leales
En Sacsahuama están. ¿Por qué no afrontas
El terrible deber?

YUPANQUI. ¡Leyes fatales! (*Transición*)
Ollantay: a tu amor la ley se opone.
¡Debo cumplir la Ley!

OLLANTAY. (*Iracundo y enfrentando al Inca*)
Aunque tal cosa vuestra Ley dispone,
Coyllur me ama y yo también soy rey.

YUPANQUI. (*Poniéndose de pie, con el Suntur-paucar en alto, y permanecerá de pie hasta el final del acto.*)
¡Apártate de aquí!

(*Ollantay sale por el foro precipitadamente.*)

HUILLACUMA. ¡Gima de angustias el paterno pecho,
Pero la ley del Sol sea cumplida.[8]

COYLLUR. (*Atraviesa la escena y se tiende llorando a los pies de su padre.*)
¡Padre! ¿Qué has hecho?

YUPANQUI. ¡Cumplir la Ley!

COYLLUR. ¡Estrangular la vida!

(*Como doblada por el peso de su funesto amor, Coyllur inclina la cabeza y cae sobre las gradas del trono.*)

ANAHUARQUI. ¡Oh, presagios del sueño! . . . ¡Los horrores
Apenas de una guerra se terminan,
Y ya otra vez los cielos nos conminan
Para nuevos combates y dolores!

HUILLACUMA. Hijos del Sol y de la Luna fueron
Los Incas que bajaron a la tierra;

---

[8] *Gima . . . cumplida.* Let the father's breast groan with anguish, but let the Sun's law be obeyed!

Señores del trabajo y de la guerra,
Que las behetrías a suy ley uncieron.

. . .

YUPANQUI.   ¡Antes de que anochezca, bien seguro,
Saldrá Ollantay del Cuzco a buen destino!

(Transición)

Y tú, la estrella del ingrato sino,
Lívida carne del amor impuro:
¡Tu confesión reclamo!

COYLLUR.   *(Irguiendo lentamente la cabeza, la voz angustiada)*
Ollantay me ama, y yo también lo amo . . .

(De pie, ante el espanto de todos, retrocede y habla al Inca, faz a faz, con acento patético.)

¡Hijo del Sol: ya la verdad conoces!
¡En este amor, más alto amor se acendra!
Si en su misterio el Cielo engendra dioses,
Héroes la Tierra en su dolor engendra.

Telón

[Acto II: El Inca se niega a dar la princessa a Ollantay y la encierra en el convento de las Vírgenes del Sol. Ollantay la rapta en una noche de luna. Acto III: Ollantay lleva a Coyllur a su fortaleza en las montañas. Al saber el rapto, el Inca manda a sus tropas a rescatar a su hija y a prender a Ollantay. Acto IV: Ollantay es condenado a muerte en el Cuzco por haber raptado a la hija del Inca y ésta es desterrada para siempre del Imperio.]

Vocabulary

A

a, to, at, from
abajo, below, down
abandono, abandonment
abarcar, to take in, cover
abatido, dejected, downcast
abatimiento, dejection
abierto pp. abrir, open
abismo, abyss, gorge
abnegación f., self-denial
abnegado, self-denying
aborrecer, to hate
abrazar, to embrace
abrazo, embrace
abreviar, to cut short
abrigo, coat, wrap, overcoat
abrir, to open
abrogar, to abrogate, take
abrumado, weary, crushed,
  overwhelmed
abstraído, distracted, absorbed,
  absent-minded
abuelo, abuela, grandfather,
  grandmother; **pl.,** ancestors
aburrirse, to get bored
acá, here
acabar, to finish, end;—**de,** to have just
acampar, to camp
acariciar, to caress
acaso, perhaps
acatar, to respect
acendrar, to purify, refine
acción f., action
acechanza, spying, snare, ambush
acechar, to lie in wait
acercarse, to approach
aclamación f., acclamation, shouting
acometer, to attack
acomodar, to arrange
acompañar, to accompany
acongojar, to trouble, fill with anguish
acordar (ue), to agree
acordarse (de), to remember
acostarse (ue), to go to bed

acostumbrado, usual
acostumbrar, to be accustomed
acreedor m., creditor
acritud f., sharpness, sourness
actitud f., attitude
acto, act; **en el**—immediately
actriz f., actress
actual, present
actualidad f., the present state of things
acudir, to run to
acuerdo, agreement
acurrucarse, to fold up from fear, cold,
  etc., to huddle
adelantar, to advance
adelante, forward
ademán m., gesture, move
además de, besides
adentro, within
aderezar, to prepare, adorn
adiós, goodbye
adivinar, to divine, guess
adorar, to adore
adornar, to adorn
adquirir, to acquire
advertir(ie), to warn, notify
aeroplano, airplane
afán m., anxiety, eagerness
afecto, affection, love
afectuoso, affectionate
afianzar, to clinch, make fast
afirmar, to affirm, say
afligir, to afflict, grieve
aflojar, to loosen, weaken
afrontar, to face
afuera, out, outward
agazapado, crouched
ágil, agile, quick
agitar, to agitate, excite;—**se,** to
  palpitate
agolpar, to rush
agónico, dying
agosto, August
agotar, to exhaust, drain
agradar, to please
agradecer, to thank, be grateful

agresor, aggressor
agrupado, grouped
aguantar, to endure, bear
aguardar, to wait
agudo, sharp
agüero, omen
ahí, there; **por**—roundabout
ahogado, faint, muffled, overwhelmed
ahogar, to suffocate, oppress, drown
ahora, now
ahorcar, to hang
ahorrar, to spare, save, free
airado, angry
aire m., air
aislar, to isolate, shun
ajeno, another's
ajorca, ring
ajuar m., equipment
ajustar, to adjust, fit
al, to the, on the, on, at the
ala, wing; **de anchas alas,**
  wide-brimmed
alabanza, praise
alabar, to praise
alarma, alarm, notice of danger
alba, dawn
albedrío, free will
Alberto, Albert
alcanzar, to follow, reach, attain
alcoba, bedroom
aldea, village
alegrar, to cheer
alegre, merry, gay, cheerful
alegría, joy
alejarse, to move away, depart
alemán, German
alevoso, treacherous
alfombra, rug, carpet, curtain
algo, something, somewhat
alguien, somebody
alguno, some, any
alianza, alliance, union
aliento, breath
alimentar, to feed, nourish
alma, soul; darling
almena, battlement
almuerzo, lunch
aló, hello
alrededores m., pl., environs
¡alt! ¡alto!, stop!
altivez f., haughtiness
altivo, high-minded, proud
alto, high, tall; **en**—aloft; **en voz alta,**
  aloud
atravesar (ie), to cross

altura, height
aludir, to allude, refer
alumbrar, to light
alzar, to raise, lift
allá, there, over yonder; **más**—
  beyond;—**tú,** that's up to you
amante, lover, loving
amar, to love
amargado, embittered
amargo, bitter
amargura, bitterness
ambiguo, doubtful
ambos, both
amenaza, threat
amenazar, to threaten
ameno, pleasant, delightful
amigo, a friend
amistad f., friendship
amistoso, friendly
amnistiar, to receive pardon
amo, master
amor m., love;—**propio,** pride,
  self-esteem
amoroso, loving
amparar, to protect, support
amparo, protection, shelter
amueblado, furnished
anciano, old, aged
ancho, wide, broad
andar, to go;—**se,** to run along;
  anda, come, run along
andariego, roving
ánfora, jar
angustia, anguish, pain
angustioso, anxious, full of anguish
anhelar, to desire eagerly
anhelo, eagerness, vehement desire
anillado, ringed, banded
anillo, ring, band
animarse, to take courage
ánimo, mind
aniquilar, to destroy, crush
anoche, last night
anochecer, to grow dark
anonadado, dumbfounded
anónimo, anonymous letter
anormal, abnormal
ansia, longing, eagerness
ansiedad f., anxiety
ansioso, anxious, eager
ante, before, to, in the presence of;
  —**todo,** above all
antemano: de—beforehand
antes, before, formerly, first
anticipar, to anticipate

antiguo, ancient
antojarse, to desire
antojo, fancy
anudar, to knot, tie
anular, to deaden, frustrate
anunciar, to announce
añadir, to add
año, year
apacible, peaceful
apagar, to extinguish, put out
aparato, show
aparecer, to appear
aparejo, tool, implement, equipment
aparición f., appearance
apartarse, get away
aparte, aside
apego, attachment, liking
apellidar, to call
apenas, hardly, scarcely
aperado, outfitted
aplaudir, to applaud
aplicar, apply
aplomo, prudence, self-possession
apo, chief, commander
Apolo, Apollo
apostar, to station
apoyado, resting, leaning
apoyar, to rest
apreciar, to appreciate, value
aprehender, to apprehend, arrest
apremio, pressure
aprender, to learn
aprensión f., apprehension, fear
aprestar, to prepare
apresurarse, to hasten
apretar (ie), to squeeze
aprobar (ue), to approve
aproximarse, to approach, draw near
apuntar, to aim
apurar, to exhaust, finish
apuro, difficulty, strait
aquel, that
aquí, here
aquiescencia, acquiescence, consent
arado, plow
araña, chandelier
arbitrar, to contrive
árbol m., tree
arco, bow
ardiente, ardent
ardor m., heat, fire, life
arista, beard
aritmética, arithmetic
arm, arma, arm, weapon
armadura, armor

armar, to arm
armonizar, to harmonize
arracacha, foolishness, nonsense
arrastrar, to drag, drag down
arrebatar, to snatch
arreglar, to arrange
arremolinarse, to whirl, swarm, throng
  together
arreo, attire, dress
arrepentido, repentant
arriendo, rent
arrinconarse, to live secluded
arrodillarse, to kneel
arrojar, to throw
arrostrar, to encounter
arruinar, to ruin
artículo, article
asalto, assault
asaz, too, very
asesinar, to kill
asesino, assassin
así, thus, this way, so
asiento, seat
asistir (a), to attend, be present at, help
asomar, to appear
asombro, astonishment
asqueroso, filthy, disgusting
asumir, to assume
asunto, matter, affair
asustado, frightened
ataque m., attack
atar, to tie, bind
atemorizado, filled with fear
atenazar, to torture with nippers or
  claws
atender (ie), to attend
atentado, attempt, attack
aterrado, terrified
atinar, to succeed, hit the mark
atónito, astonished
atractivo, attraction
atraer, to draw, attract
atrás, back, behind
atravesar (ie), to cross
atreverse, to dare
atrevido, bold, daring
atribuir, to attribute, credit
atronar (ue), to thunder, stun
atropellar, to knock down, run down,
  push through
atroz, fearful, terrible
aturdir, to confuse, bewilder
augurar, to foretell, prophesy
augurio, omen
aún, still, yet, even

aunque, although, even though
aurora, dawn
ausencia, absence
ausentarse, to absent one's self, go away
auspicios, auspices
austero, austere, severe
autor m., author
autoridad f., authority
avanzar, to advance
avenirse, to befit, agree with
aventura, adventure
avergonzar (ue), to be ashamed
averno, hell
aya, governess, nurse
ayer, yesterday
ayuda, help, aid
ayudar, to aid, help
azada, spade
azadón m., hoe
azar m., chance, accident
azogado, agitated

B

bailar, to dance
baile m., dance, dancing
bajar, to lower, descend, come down
bajo, under, beneath, low, in a low tone
baluarte m., bulwark
banco, bench, bank
barba, chin
barbaridad f., wild act
barra, bar, rod
barranca, ravine
basado, based
bata, dressing-gown
batalla, battle
bastante, enough, rather
bastar, to be sufficient
batiente m., leaf of a door
batir, to clap, beat—**se,** to fight
beber, to drink
behetría, free town or people
bellaquería, cunning, knavery
belleza, beauty
bello, beautiful
bendecir, to bless
bendición f., blessing
besar, to kiss
beso, kiss
bestia, beast
bien, well, very, quite; **n.m.,** good; **tener a—**be good enough to
bienestar m., well-being
blanco, white; target, mark

blancura, whiteness
blusa, blouse
boca, mouth;—**de fuego,** fire-arm
boda, marriage, wedding
bofetada, slap, blow
bolsillo, pocket, bag, purse
bondad f., goodness, kindness
bonito, pretty
borrachera, drunkenness
borracho, drunk, drunkard
borrado, dim
borrar, to erase, blot out
bosque m., forest
bostezar, to yawn
bota, boot, shoe
botar, to throw away
bote m., boat
botín m., shoe, half-boot
botón m., button
boxeo, boxing
bravo, brave
bravucón m., bully, braggart
bravura, bravery, valor
brazalete m., bracelet
brazo, arm
brega, strife
breve, brief, short, small
brindar, to drink a toast
broche m., brooch
brusco, brusk, sudden
bueno, good, well, all right; **a buenas,** willingly, on good terms
buey m., ox
bufar, to snort, puff with anger
bufón m., buffoon, clown
buscar, to look for, seek, get

C

caballero, gentleman, sir
caballito, little horse; **hacer—s,** to play horse
caballo, horse
cabaña, cabin, cottage
cabellera, long hair
cabello, hair
cabeza, head
cabildo, town council
cabizbajo, crestfallen
cacería, hunting party
cachaco, dandy, fop
cada, each, every;—**vez más,** more and more
cadena, chain, bond
caer, to fall;—**en cuenta,** catch on

caída, fall
cajón m., drawer
calabaza, gourd, squash; dar—s, to reject
calar, to floor, humble, sit upon
calavera, madcap, hot-brained fellow
calificar, to qualify, determine the grade
calor m., warmth, heat
calumnia, calumny, slander
calzado, footwear
callar, to be quiet
calle f., street
cama, bed
cámara, chamber
cambiar, to change
cambio, change
caminar, to walk, travel, move about
camino, road, way
camisa, shirt
campana, bell
campaña, campaign
campo, country
canapé m., couch
canción f., song
cansancio, weariness
cansar, to tire
cantar, to sing
cántico, song
canto, song
cantor m., singer
canturrear, to hum
canaveral m., reed thicket
caos m., chaos
capa, cloak, cape
capaz, capable
capitán m., captain
capítulo, chapter
capota, cape
capricho, whim, caprice
capucho, hood
cara, face
carabina, carbine, gun
carácter m., character
caramba, hah!
cárcel f., prison, jail
carga, load, burden; mula de— packmule
cargar, to impose, place
cargo, charge; hacer—de, to take into consideration
caridad f., charity
cariño, affection, love
cariz m., appearance
carne f., flesh
carnicero, carnivorous

caro, dear
carrera, running
casa, house
casaca, coat
casamiento, marriage
casarse (con), to marry
casi, almost
caso, case, matter; hacer—to pay attention
casta, caste, lineage
castigar, to punish
castigo, punishment
castillo, castle
casualidad f., chance
catedral f., cathedral
categórico, categorical, unconditional
catre de campaña, camp cot
caudal m., fortune
causa, cause
causal m., ground, cause
cautivo, captive
caverna, cave, cavern
caviloso, thoughtful, cavilling
ceder, to yield
cegar (ie), to blind, dazzle
celebrar, to celebrate
célebre, famous
celeridad f., speed, haste
celeste, heavenly
celos m., pl., jealousy
celoso, jealous
cenizas f., pl., ashes
centavo, cent
céntrico, central, downtown
centro, center; al—to town
cerca de, near
cercano, near
cerciorarse, to make sure
cerebro, brain, mind
cero, zero
cerradura, lock, knob
cerrar (ie), to close
cesar, to cease, stop
cetro, scepter
ciego, blind
cielo, sky, heaven
cien (to), a hundred
ciencia, science, learning
cierto, certain, true, sure
cigarrillo, cigarette
cinismo, cynicism
cinto, belt
cintura, waist
cinturón m., belt, girdle
circundantes m., pl., those present

ciudad f., city
clamoreo, clamour, shouting
claro, clear, of course, clearly
clase f., kind, class
claudicación f., crookedness, limping
clavar, to fasten
clavo, nail
clientela, following
clima m., climate
cobarde m., coward
cobrador m., collector
cocinera, cook
coche m., carriage
codicia, avarice, greed
Código, Code of laws
coger, to catch, take
cojín m., cushion
cola, tail
colaborar, to collaborate
cólera, anger
colegio, school, college
colgado, hanging
colgar (ue), to hang
colocar, to place
coloración f., coloring
comedia, comedy
comentar, to comment
comenzar (ie), to begin
comer, to eat
cometer, to commit
cómica, actress
comisaría, commissary, commissariat
comisión f., commission
comitiva, escort, suite
como, like, as
cómo, how
compañero, companion
compañía, company
compartir, to share, divide
compasivo, full of pity
complicidad f., complicity
complot m., conspiracy, plot
compra, purchase
comprar, to buy
comprender, to understand
compromiso, obligation, assignment
compuesto, composed
compurgado, proved false
común, common, in common
con, with
concebir (i), to have an idea of, understand, conceive
conceder, to grant
conciencia, conscience

conciliar, to conciliate, reconcile
concluir, to finish
concurrido, attended
concurrir, to come, gather
concurso, meeting, competitive combat
condenar, to condemn
condesa, countess
cóndor m., condor (a huge South American eagle)
conducir, to lead, guide, bring
conferenciar, to confer
confiado, confident
confianza, confidence; **dama de—,** confidant
confiar, to trust
confortativo, comfort, comforting
confundir, to jumble
congoja, trouble, anguish
conmigo, with me
conminar, to threaten
conmover (ue), to move
conocer, to know, be acquainted with, meet
conque, so then
conquista, conquest
consagrar, to devote, consecrate
consciente, of sound mind
consecuente, consistent
consejo, advice
conservar, to keep, preserve, have
considerar, to consider
consigo, with them
consiguiente: por—consequently
Constantinopla, Constantinople
constar, to be evident
consuelo, comfort, consolation
consumar, to carry out
contar (ue), to tell, relate
contemplar, to contemplate, look at
contenerse, to keep quiet, control one's self
contento, content, contentment
contestar, to answer
contienda, struggle, fight
contigo, with you
continuo: de—continually
contra, against
contraer, to contract
contrariado, annoyed
contrario, contrary, opposite
contratiempo, misfortune
contubernio, cohabitation
convenio, agreement, appointment
convenir, to suit, agree

convertirse (ie), to turn into
convidado, guest
convocar, to call, convoke
conyugal, conjugal, married
copa, glass, goblet
copla, song, couplet
coqueta, coquette
coraje m., courage, fury, rage
corazón m., heart
corbata, tie, cravat
corcel m., horse
coribante m., priest
coro, chorus
coronar, to crown
coronel, colonel
correo, courier
correr, to run, move
corrido, experienced
cortado, embarrassed
cortar, to cut, stop
corte f., court
cortedad f., smallness; sin—generously
cortesía, courtesy, bow
cortinado, curtain
cosa, thing
costa, cost
costar (ue), cost, be an effort
costilla, rib
crear, to create
crecido, grown
creciente, increasing
creencia, belief
creer, to think, believe
creíble, credible
crepitar, crackle
criado, servant
criar, to breed, nourish
crispado, clenched
crujir, to creak
cruzada, crusade, expedition
cruzar, to cross, occur
cuadra, block
cuadro, picture, scene
cualquiera, any
cuando, when
cuanto, as much, how much, all that;
  en,—as soon as; cuantos, all who
cuarto, fourth
cuatro, four
cubierto pp. of cubrir
cubilete m., high hat
cubrir, to cover
cuchichear, to whisper
cuchillo, knife
cuello, neck, collar

cuenta, count; account, bill; darse—de,
  to realize; caer en—to catch on
cuento, count; story, argument, sin—
  countless
cuerda, cord, string
cuerpo, body
cuestión f., question, matter
cuidado, care; no tenga—don't worry;
  ¡Cuidado! Be careful! Look out!
cuidar, to care for, take care of
culminar, to culminate, reach the
  highest point
culpa, fault, blame
culpable, guilty
cultura, culture
cumbre f., summit
cumplimiento, compliment
cumplir, to fulfil, perform, attain,
  comply with; por—as a matter of
  form
cunado, brother-in-law
cura, priest
curioso, curious, strange
curso, course, procedure
cusi, joyous, joyful
custodia, guard, keeping
cuyo, whose
Cuzco, capital of the Inca empire

CH

chacarero, farmer
chacra, farm (in Argentina)
chaleco, vest, waistcoat
chalet m., cottage (Swiss style)
champi, battle-axe
chancas m., pl., a strong Indian tribe
charla, chatter, talk
charlar, to chat, talk
chico, child
chicha, a drink like beer
chimenea, chimney
chino, Chinese
chiquillo, —a, little boy, girl
Chits, Sh!
chocho, man in his dotage
choque m., clash, impact
chuspa, bag

D

dama, lady
daño, harm, hurt, damage
dar, to give;—a, to face, open to
de, of, from, by

debatir, to debate, argue
deber, to owe, ought, must
deber m., duty
débil, weak
decidido, resolute, firm
decir, to say, tell
decorar, to adorn, exalt
dedicar, to dedicate, devote
dedo, finger
defender (ie), to defend, protect, conceal
dejar, to leave, let, abandon, cease, stop
del, of the
delación f., accusation, denunciation
delante, before, in front, ahead
delator m., informer, accuser
delirio, delirium
delito, crime, offense
demás, other; **por—**in vain, uselessly
demasiado, too much
demonio, demon, devil
demostrar (ue), to show
demudado, changed, distorted
denegación f., denial
dentro, within
deparar, to allot, present
departir, to chat, talk
deponer, to lay
deporte m., sport
derecho, right, law
derribar, to fell, demolish
derrota, defeat
derrumbarse, to fall, tumble down
desaforado, outrageous
desagradable, unpleasant
desagradar, to displease
desaliento, discouragement, languor
desahogar, to vent
desaparecer, to disappear
desarrollar, to develop, explain
desasirse, to get loose
descansar, to rest, ground
descarga, discharge
desconfiado, distrustful
descubrir, to discover, reveal, uncover
descuido, carelessness
desde, from, since;**—luego,** at once
desdeñoso, disdainful
desear, to desire, wish
desengaño, disillusionment
desenvolver (ue), to unwrap
deseo, desire
desesperado, desperate, in despair
desgarrar, to tear, tear off
desgarrón m., large rent or hole

desgracia, misfortune
desgraciado, unfortunate, unhappy
desgranado, thrashed, bereft
deshecho, undone, melted
deshojar, to strip off the leaves
deshonra, dishonor
deshonrar, to dishonor
desierto, desert
designio, design, plan
deslizarse, to slip, slide
desmayarse, to faint
desmayo, faint
desnudar, to bare, draw
desnudo, bare, nude
desolado, disconsolate, in despair
desparpajo, pertness
despacho, office, study
despecho, spite, dismay
despedazar, to tear to pieces
despedirse (de) (i), to take leave of, "cool off"
despego, indifference
despeinado, disheveled
despertar (ie), to awaken
despilfarro, waste, mismanagement
despojar, to dismiss, relinquish
despojos, remains
desposar, to marry
despreciar, to despise, scorn
desprecio, scorn
desprenderse, to turn loose
después, afterwards, then;**—de,** after
desterrar (ie), to banish
destierro, banishment, exile
destilar, to distil
destino, fate, destiny, destination
destrozar, to destroy
desvelo, watching, anxiety
desvío, coldness
detalle m., detail
detener, to detain, stop
detrás, behind, after
devolver (ue), to give back, restore
día m., day
diablo, devil
diabólico, diabolical
diadema m., diadem, crown
diálogo, dialogue
diantre m., deuce
diario, daily, daily paper
dibujante m., designer, draftsman
dictador m., dictator
dictadura, dictatorship
dictaminar, to pass sentence
dictar, to dictate

dicha, good fortune, happiness
dicho pp., of **decir; mejor**—rather
dichos m., pl., the same
dichoso, happy, blessed, confounded
diecisiete, seventeén
diente m., tooth
diestra, right hand
diestro, skilful, expert
diez, ten
difícil, difficult
dificultad f., difficulty
difunto, deceased, dead
digno, worthy
dilación f., delay
dineral m., fortune
dinero, money
dios m., god
diosa, goddess
director m., editor, manager
dirigir, to govern, direct;—**se,** to go
  toward, address
discípulo, pupil, follower
discreción f., discretion; **a**—without
  conditions, ad libitum, "at ease"
disculpar, to excuse, forgive
discurso, speech
discutir, to discuss
disfraz m., disguise
disfrutar, to enjoy
disgusto, annoyance
disipar, dissipate
disminuir, to diminish
disolver (ue), to dissolve
disparar, to shoot, fire
disparate m., absurdity
disponer, to dispose, order, act;—**se,** to
  prepare
dispuesto, disposed, ready, genteel,
  graceful
distinguir, to distinguish
distraído, absentminded
divertido, amusing, entertaining
divisa, badge, device
divisar, to perceive indistinctly
doblar, to bend, bow
doctrina, doctrine, principle
dolor m., grief, sorrow, pain
doloroso, sorrowful, sad
domar, to tame, break, conquer
domicilio, domicile, residence
dominar, to dominate
don m., gift
doncella, girl, damsel
donde, where

donjuanesco, of the Don Juan type,
  libertine
dormir (ue), to sleep
dormitorio, bedroom
dorso, back
dos, two
dosis f., dose
dotado, endowed, gifted
duda, doubt
duelo, sorrow, mourning
dueño, owner, master
dulce, sweet; **dulcemente,** gently
dulzura, sweetness
duque m., duke
durante, during
duro, hard, heavy

E

e, and
ébano, ebony
ebrio, drunk
echar, to throw, throw away, put
echar puras famas, to build a
  reputation, to get famous
edad f., age; **mayor**—majority
edificio, building
educación f., breeding
educado, bred
efecto: en—in fact
egoísta, selfish
ejecutar, to execute
ejemplo, example
ejercicio, exercise, drill
ejercitar, to practice
ejército, army
el, the
él, he, him
elaborar, to elaborate
elegir (i), to elect, choose
elevar, to raise;—**se,** to be enraptured,
  elated
ella, she, her, it
emancipado, freed
embargo: sin—nevertheless
embaucar, to deceive, trick
embelesado, charmed
embobado, fascinated, enchanted
emborracharse, to get drunk
embozado, muffled, covered
embrazar, to clasp a shield
embrolla, deception
embromar, to banter, trick
embuste m., trick, lie
emocionado, excited, agitated

empeñarse, to insist, persist
empeño, persistence, persisting anxiety
empezar (ie), to begin
empleo, job, position
empresa, management
empujar, to push, impel
en, in
enamorado, in love
enano, dwarf
encadenar, to chain, bind
encaje m., lace
encantar, to charm
encanto, charm, witchery
encararse, to face, charge
encargar, to order, entrust
encarnar, to incarnate, embody
encender (ie), to light
encerrar (ie), to shut up
encima, on, upon, on top of all
encomendar (ue), to commend leave
encontrar (ue), to find, meet;—se, to be
encresparse, to be agitated
encubrimiento, concealment
encubrir, to cover, conceal
encuentro, encounter
enderezar, to straighten, make erect
endurecer, to harden
enemigo, enemy
energía, energy
enfermarse, to become ill
enfermo, sick, ill
enfrentar, to face
engañar, to deceive;—se, to be mistaken
engendrar, to engender, produce
enloquecer, to go mad, to drive mad
enlutado, in mourning
enojar, to anger;—se, to get angry
enojoso, annoying
enorme, great, enormous
enredar, to plot, entangle;—se, to become entangled
Enrique, Henry
en seguida, immediately
enseñar, to teach
ensimismado, absorbed in thought
ensueño, dream, fantasy
entender (ie), to understand
entendimiento, understanding
enterarse, to find out, become informed
entero, entire; por—entirely
enterrar (ie), to bury
entonces, then

entrada, entrance
entraña, entrail, bosom
entrar, to enter, go off stage
entre, among, between
entregar, to hand, deliver
entretanto, in the meantime
envanecido, vain, puffed up
envenenar, to poison
enviar, to send
enviciado, addicted to vice
envidia, envy
envilecer, to debase, defile
envolver (ue), to enfold, wrap
equivocarse, to be mistaken
época, epoch, age, time
erguido, erect
erguirse (ie), to straighten up, stand erect
ermitaño, hermit
escabullirse, to escape
escándalo, scandal
escarmiento, warning, chastisement
escaso, short, scarce, scanty
escena, scene, stage; puesto en—performed
escepticismo, skepticism
esclavo, slave
escoger, to choose
escolta, escort
escopeta, shotgun
escribir, to write
escritor m., writer
escritorio, desk
escuchar, to listen, hear
escudo, shield
escuela, school
escupir, to spit, insult;—al cielo, to condemn oneself
ese, that
ése, that one, he
esfuerzo, effort
eso, that
espacio, space
espada, sword
espadón m., broadsword
espalda, shoulder, back
espanto, fright, terror
espantoso, frightful
espasmo, admiration, wonder
espejo, mirror
esperanza, hope
esperar, to wait, expect, hope
espina, thorn, spine
espíritu, spirit
espiritual, spiritual

esplendor m., splendor
esponsales m., pl., betrothal
esposo, a, husband, wife
espuelas, spurs
esquina, corner
esquivar, to avoid
ésta, she, this one
establecer, to establish
estada, stay, residence
estado, state
estallido, outburst
estante m., shelf, bookcase
estar, to be;—para, to be in a mood to
estatua, statue
éste, this one, he
estigma m., stigma
estilo, style
esto, this
estrechar, to press, clasp, embrace
estrella, star
estremecido, trembling, shuddering
estrenar, to present or use for the first
   time
estrujar, to crush, crumple
estudiante m., student
estudiar, to study
estudio, study
estupefacto, stupefied, astounded
evadir, to escape, slip away
evitar, to avoid
examen m., examination
exceder, to exceed
excusar, to avoid, shun
exigir, to demand, exact
éxito, success
explicación f., explanation, apology
explicar, to explain
explotar, to burst forth
exponer, to expound, explain, expose
exterminador m., exterminator
exterminio, extermination
extraer, to extract
extranjero, stranger; foreign country
extrañar, to wonder at, be surprised at
extrañeza, surprise, strangeness
extraño, strange, unknown
extravío, aberration, error

F

facción f., feature
facilidad, facility, means
facultad f., faculty
falaz, deceitful
falda, skirt

falta, lack, need; hacer—to need, be
   needed
faltar, to lack, be missing
fallar, to fail, be wanting
fama, fame, reputation
familia, family
fantasma m., phantom
farol m., lantern
fascinar, to fascinate, charm
fastidiar, annoy
fatal, bad, terrible, deadly; m., disaster
fatigado, tired, weary
fauces m., pl., maw (of a beast)
favorecer, to favor
faz f., face
fe f., faith; a—mía, upon my word
fecundo, productive
fecha, date; a la—now, at the present
   moment
felicidad f., happiness
feliz, happy
feo, ugly
feroz, fierce
ferrocarril m., railroad
fiera, wild beast
fiero, fierce, cruel
fiesta, feast, celebration
figurarse, to imagine
fijar, to fix;—se (en), to note, observe
fijo, fixed, motionless; de fijo, surely
fila, rank
filtro, philter, love-potion
fin m., end, purpose; en—in short
fincar, to be based, rest
fingir, to pretend, feign
firmar, to sign
firmeza, firmness
flamante, brand-new
flanco, side
flor f., flower
florecimiento, blossoming, thriving
fondo, depth, background
fondos, funds
foro, back, background
fortaleza, fortress
forzado, forced
frac m., dress-coat
fragor m., noise
francés m., French
frase f., phrase
frenético, mad, frenzied
frente f., forehead
frente a, in front of;—a—facing
frialdad f., coldness
frío, cold

fuego, fire; **boca de**—fire-arm
fuente f., fountain
fuera, out, outside
fuerte, strong
fuerza, strength, force; **a—de,** by dint of, from the habit of
fulminado, struck by lightning, astounded
fumar, to smoke, fumigate
funcionar, to work, function
funcionario, public official
fundar, to found, base
funesto, harsh, gloomy, unfortunate
fusilar, to shoot
fusilería, musketry

G

galardón m., reward, recompense
galera, galley
galgo, greyhound
gallina, hen
gallo, cock, rooster
gana, desire
ganado, cattle
ganar, to gain, earn, win
gancho, hook, hairpin
garbo, cleverness, jauntiness
garganta, throat
garra, claw, talon
garrote m., stick, club
gasto, expense
gato, cat
gaucho, cowboy, rustic
gemir (i), to groan
género, kind
generoso, generous
genio, spirit
gente f., people
gentil, graceful, gracious
gesto, face, gesture, movement
gobernación f., government
gobernador m., governor
gobernar (ie), to govern, control
gobierno, government, control
golpe m., blow, knock
gordo, fat, large
gorro, cap
gota, drop
gozar, to enjoy
gracia, grace, favor; **hacer—**to be funny
gracias, thanks
grada, step
gradería, platform with steps

grado, rank, grade, degree, examination
graduarse, to be graduated
grande, large, great
granja, grange, farmhouse
grano, grain
grato, pleasant, welcome
grave, serious, seriously ill
gritar, to shout
grito, cry, shout
grosería, act of rudeness, ill-breeding
grosero, ill-bred, uncivil, coarse
grupo, group
guante m., glove
guapo, brave, gay
guardar, to put, guard, keep
guardia, guard
guayacán, a kind of tree
guerra, war
guerrero, warrior
guiar, to guide
gustar, to please;—**de,** to like
gusto, pleasure, taste

H

haber, to have; **impers.,** to be
hábil, skilful
habitación f., room, house
hábito, habit, robe
habladuría, gossip
hablar, to speak, talk
hacer, to make, do;—**se,** become
hacia, toward, to
hacha, axe
hado, enchantment
hallar, to find
hambre f., hunger
haraveco, poet, singer, minstrel
hasta, to, as far as, until, even; **—que,** until
hay, there is, there are
hazaña, deed, exploit
he aquí, behold
hebilla, buckle
hechicería, witchcraft, witchery
hechizado, bewitched
hecho, deed, act
hecho pp., of **hacer**
helado, cold, frozen
helar (ie), to freeze
heraldo, herald
heredar, to inherit
heredero, heir
herencia, inheritance
herir (ie), to wound

hermana, sister
hermano, brother
hermosear, to beautify
hermoso, beautiful
herradura, horseshoe
hico—hijo
hielo, ice
hijo, -a, son, daughter; m. pl., children
hilar, to spin
hilo, thread
himno, hymn
historia, story, history
hogar m., hearth, home
hoja, leaf
hojarasca, withered leaves
hola, hello
holganza, idleness
hombre, man
hombro, shoulder
homenaje m., homage
hondo, deep
honrado, honorable, honored;
   honradísimo, greatly honored
honrar, to honor
honroso, honorable
hora, hour, time
horizontal f., a low person
horrendo, horrible
horrorizado, horrified
hosco, dark, rough
hoy, today;—mismo, this very day
huaino, a sad song or melody
huelga, strike
hueso, bone
huir, to flee, run away
humilde, humble
humillar, to humiliate
hundir, to sink

I

idílico, idyllic
idolatrado, idolized
iglesia, church
ignorar, not to know, be unaware of
iqual, equal, like
iluminar, to illuminate
iluso, deceived, deluded
ilustre, illustrious
imaginar, to imagine
imán m., magnet
imitar, to imitate
impacto, impact;—por tiro, a hit for
   every shot
impasible, impassive

impedir (i), to hinder, prevent
imperio, empire
imperioso, imperious, haughty
impío, wicked
imponer, to impose
importar, to be important, matter,
   amount to
impresionado, affected, touched
impulso, impulse, movement
inadaptable, unadaptable
inagotable, never-failing,
   inexhaustible
inca, king of the Peruvian Indians
incansable, untiring
incendiar, to set on fire
incitar, to incite, inspire
inclinación f., bow
inclinarse, to bend, bow
incomodar, to inconvenience, annoy
inconcebible, inconceivable
incorporarse, to sit up
incurrir, to fall into
indeciso, hesitating
indicar, to indicate
indignar, to make indignant
indigno, unworthy
indiscutible, unquestionable
individuo, individual
indudablemente, undoubtedly
indulto, reprieve
inenarrable, inexpressible
inesperado, unexpected
infame, infamous
infamia, infamy, insult
infatigable, tireless
infeliz, unhappy
infiel, infidel
infortunio, misfortune
infundado, unfounded
ingeniero, engineer
Inglaterra, England
ingrato, ungrateful, unpleasant, harsh
iniciar, to begin
inicuo, iniquitous, wicked
injuria, insult
injusto, unjust
inmóvil, motionless
inmovilizar, to render motionless
inmundo, unclean, unchaste, dirty
inquebrantable, unbreakable
inquietarse, to get restless or nervous
inquieto, anxious, troubled
inquietud f., vexation, uneasiness
insigne, illustrious
insignia, decoration, device, badge

instalar, to install, place
instante m., moment
instintivo, instinctive
intentar, to try
interés m., interest
interponer, to interpose
interrumpir, to interrupt
Inti, the Sun
íntimo, intimate, private
intranquilizarse, to become uneasy
intranquilo, restless, nervous
inundar, to flood
inusitado, unusual, not customary
inútil, useless
inventar, to invent
invitar, to invite
invocar, to invoke
ir, go; **irse,** to go away; **vamos,** come, well
ira, wrath
iracundo, angry
irguir, to raise
ironía, irony
izquierdo, left

J

¡ja, ja!, ha, ha!
jactarse, to boast, pride oneself on
jadear, to pant
¡jajá!, ha, ha!
jamás, never, ever
jardín m., garden
jarrón m., jar, vase
jaspeado, speckled
jefe m., chief, head, leader
jornada, journey
joven, young
joya, jewel
Juana, Jane
jubiloso, joyous, joyful
juego, play
juez m., judge
jugar, to play
juicio, judgment, sense
junio, June
juntar, to collect, join
junto, together;—**a,** near, beside
juramento, vow, oath
jurar, to swear
jurisprudencia, jurisprudence, law
justito, exactly
justo, just, right
juventud f., youth
juzgar, to judge, think

K

koya, queen

L

la, the, her, it
labio, lip
lado, side
lágrima, tear
lanza, lance
lanzar, to hurl, throw;—**se,** to undertake
lapidario, concise, lapidary
lares m., pl., home
largamente, at length
largo, long
lástima, pity
latido, beat
latir, to beat (of the heart)
le, him, you, to him, to her, to you
leal, loyal
lealtad f., loyalty
lección f., lesson
leer, to read
legendario, legendary, traditional
lejano, distant, remote
lejos, far; **a lo**—in the distance, far away
lengua, tongue
lenguaje m., language
lentitud f., slowness
lento, slow
león m., lion
leproso, leper
levantar, to lift, raise;—**se,** to rise, get up
leve, light
levita, coat, Prince Albert
ley f., law
libelo, libel, defamation
libertad f., liberty
libertador m., liberator
librar, to free, engage (in)
libre, free, open
libro, book
ligeramente, slightly
ligero, light, swift
limpiar, to clean;—**se,** wipe oneself
linaje m., lineage, rank
linajudo, of high lineage, noble
lindo, pretty
línea, line
lista, roll call
lívido, livid, pale
lo, it, him, the

lobanillo, wen, tumor
loco, crazy, lunatic
locura, madness, crazy deed
lodo, mud
logia, lodge
lograr, to succeed in
lonja, slice, strip
lo que, what
londinense, of London
los, the, them
losa, slab, flag-stone
lucirse, to shine, show off
lucha, struggle, battle
luego, then, next, later, afterward,
    soon; tan—por, as for
lugar m., place village
lujo, luxury
lumbre f., light
luna, moon;—de miel, honeymoon
luz f., light

LL

llama, an animal of the Andes
llamada, call, summons
llamar, to call, knock
llanto, weeping
llegar, to arrive, come
lleno, full
llevadero, tolerable
llevar, to carry, take
llorar, to weep

M

macho, male, mule
madera, wood
madrastra, step-mother
madre f., mother
madrugada, early morning
maestro, master, main
mágico, magic
mago, magician
maíz m., corn
majadero, crackbrain
majestad f., majesty
mal m., evil, bad thing;—adv., badly,
    ill
maldito, accursed
maleficio, spell, charm
maleta, suitcase, bag
malgastar, to waste, squander
malo, bad;—a malas, unwillingly, on
    bad terms
malva, yellow

mamar, to get, obtain
manar, to flow, run
mancha, spot, stain
manchar, to stain, mar
mandamiento, command
mandar, to order, bid, rule, send
mandíbula, jaw
mandoble m., two-handed blow with
    a sword
manera, manner
manga, sleeve
manguito, muff
manía, mania, whim
mano f., hand
manosear, to abuse
manotada, handful
mansedumbre f., gentleness
manta, blanket
mantener, to keep
manto, mantle, cloak
mañana, morning; tomorrow
máquina, machine;—de escribir,
    typewriter
mar m. and f., sea
maravillar, to cause wonder, amaze
marcar, to mark, point out
marcha, march
marchar, to march;—se, to go away
marido, husband
marqués m., marquis
martirio, martyrdom
mas, but
más, more, most, plus, and;—vale, it is
    better;—de, too much, unwelcome;
    por—que, however much
masón m., Freemason
matar, to kill
matrimonio, marriage
máximo, greatest
mayor, greater, very great, older,
    oldest;—de edad, of age
mazmorra, dungeon
me, me, to me, on me
médico, doctor
medida, measure, means; a—que, as
medio, half, means, way, midst, low;
    —de, por—in our midst
medir (i), to measure, weigh
mejilla, cheek
mejor, better, best
memoria, memory
mendicidad f., beggary
menor, younger, youngest
menos, less, least, except; por lo—at
    least; lo de—the least

mensaje m., message
mensajero, messenger
mentir (ie), to lie
mentira, lie
merced f., favor
merecer, to merit, deserve
mérito, merit, deserving
merodear, to roam around, to pillage
mesa, table
mesmo, *mismo*
mezclar, to mix
mi, my
mí, me
miedo, fear
miel f., honey
mientras, while;—tanto, meanwhile
mil, a thousand
milagro, miracle
militar m., soldier
millón m., million
ministro, minister
mío, mine, of mine
mirada, look, glance
miramiento, consideration
mirar, to look (at), consider
misa, mass
miserable, poor, wretched; wretch
miseria, wretchedness
mismo, self, same, very
misterio, mystery
moda, fashion, style
modesto, modest, simple
modista, modiste
modo, way, manner; de todos modos
   —at any rate
moldear, to mould, shape
mole m., mass, bulk
molestar, to annoy
molesto, annoying
molinete m., whirling
momento, moment
monasterio, monastery, convent
monstruo, monster
montaña, mountain
montar, to mount, ride
morder (ue), to bite
moreno, brunette
morir (ue), to die
morrión m., helmet
mortificar, to mortify
mostrar (ue), to show;—se, to appear
mover (ue), to move
movimiento, movement
mozalbete m., youth
mozo, young; youth

mucama, servant
muchacho, boy
muchedumbre f., crowd, people
mucho, much, a great deal
mudo, mute
mueble m., piece of furniture
muerte f., death
muerto pp., of morir
mujer f., woman, wife
mujercilla, worthless woman
mujerzuela, contemptible or petty
   woman
mula, mule
multicolor, multicolored
mundo, world
muquer—mujer (see "hico" for—)
murmurar, to murmur, whisper
muro, wall
músico, musician
musgo, moss
mutis, exit
mutismo, silence
muy, very

N

nacer, to be born
nada, nothing, anything
nadie, nobody, anybody
naturaleza, nature
necesidad f., need, necessity
necesitar, to need
necio, foolish, stupid
negar (ie)—se, to deny, refuse
negativa, refusal
negocio, business affair
negro, black
nene m., baby
nieve f., snow
ningún, ninguno, no one
niña, girl
niño, child, boy
níquel m., nickel
nivel m., level
nobleza, nobility
nocturno, nocturnal, at night
noche f., night
nombrar, to name, mention
nombre m., name
nos, us, ourselves, each other
nosotros, we, us
novela, novel
noveno, ninth
novio, lover, sweetheart; viaje de—
   honeymoon

nublar, to cloud
nudillo, knuckle
nuestro, our
nueva, news
nuevo, new; **de**—again
nunca, never

N

Ñusta, Inca princess

O

o, or
obedecer, to obey
objección f., objection
objeto, object, purpose
obligar, to force
obra, work
obrar, to work, cause action
obsequio, honor, favor
ocurrir, to occur
octavo, eighth
ocultar, to hide, conceal
oculto, hidden
ocupar, to occupy
ocurrencia, idea
odiar, to hate
odio, hatred
ofender, to offend
oficio, official notice
ofrecer, to offer
ofrenda, offering, homage
oído, ear
oir, to hear, listen
ojo, eye
ola, wave
oler (ue), to smell
olor m., smell
olvidar, to forget
olvido, forgetting, forgetfulness
ondulante, undulating
oponer, to oppose, resist with
oprimir, to press, oppress
oprobio, ignominy
optar, to choose
orden m., and **f.,** order
ordenanza, orderly
ordenar, to put in order, command
orejón m., plainsman of Colombia, rustic
orfandad f., orphanage, orphanhood
orfebre m., goldsmith
organizar, to organize, plan
orgullo, pride

oriente m., east
oro, gold
oscilar, to oscillate, vibrate
oscuridad f., black, darkness
oscuro, dark
ostentación f., display
ostentosa, ostentatious, showy
otorgar, to grant, give
otro, other, another
ovillo, ball, heap; **hacerse un**—to shrug onself into a bunch

P

paciencia, patience
Pachacámac, the Supreme Spirit
padecer, to suffer
padre m., father
pagar, to pay, pay for
país m., country
paisaje m., landscape
paja, straw
pájaro, bird
pajarraco, big, ugly bird
palabra, word
palacio, palace
Palermo, a suburb of Buenos Aires
pálido, pale
palma, palm
palmotear, to clap the hands
palo, stick
paloma, dove
palpitación f., heart beat
pampeano, of the Pampa
pantalón m., trousers
pañuelo, handkerchief
papacito, dear papa
papel m., paper, role
paquete m., package, bundle
par m., pair; **a la**—equally
para, for, to, in order to;—**que,** to that, in order that
paraíso, paradise
parecer, to seem, appear
parecido, like, similar
pared f., wall
parentela, relations, kinsfolk
pariente m., relative
paródico, burlesque
parte f., part, information
partícipe m., participant
partir, to leave, split, rend; **a**—**de,** from
pasado, past
pasaporte m., passport

pasar, to pass, happen;—**se,** to go over to; **¿qué te pasa?** what is the matter?; **un buen pasar,** a good living
pasear, to walk, go for a walk
paseo, walk, promenade
pasillo, hallway, passage
pasional, full of love or devotion
paso, step, passage, short drama, amusement
pastor m., shepherd
pata, leg and foot of an animal
patético, pathetic, sad
patio, inner court
patitieso, stupefied
patria, fatherland
pausa, pause
patrón m., master
pavada, stupidity
paz f., peace
pecado, sin
pecho, breast, heart
pedazo, piece
pedir (i), to ask, ask for, request
pegar, to whip, beat, punish, give
pelear, to fight
peligro, danger
peligroso, dangerous
pelo, hair
pena, grief, pain, sorrow
pendiente, hanging
penetrar, to enter
penoso, painful
pensamiento, thought, idea
pensar (ie), to think, intend
pensativo, thoughtful
pensión f., board
peón m., day-laborer
peor, worse
pequeño, small
percatarse, to be on guard
perder (ie), to lose, waste, ruin
perdón m., pardon
peregrinar, to travel
perfidia, perfidy, falsity
peripuesto, very spruce in dress
permanecer, to remain
permiso, permission, leave
permitir, to permit
pero, but
perorata, speech, oration
perplejo, perplexed
perrito de lanas, little poodle
perro, dog
perseguir (i), to pursue

persona, person
personaje m., character (in a play)
personalidad f., personality
persuadir, to persuade
pesadilla, nightmare
pesadumbre f., sorrow, pain
pesar, to weigh, have weight or importance, grieve
pesar: a—de, in spite of
pesaroso, painful, sorrowful
pésimo, very bad
peso, dollar, weight
pica, pick, pike
pichón m., young pigeon
pie m., foot
piedad f., pity
piedra, stone
piel f., skin
pienso; ni por—not even by a thought
pierna, leg
pierrot m., white mask
pigmeo, pygmy, dwarf
pinchar, to prick
pintar, to paint
pintiparado, fit
pintura, picture, painting
piso, floor, story
placer m., pleasure
placer, to please
plácido, calm
plata, silver, money
playa, beach, seacoast
plazo, time, term
plebeyo, low-born
plegaria, prayer
pleitesía, pact, agreement
plenamente, fully, completely
pleno, full, complete
pluma, feather, pen
pobre, poor
pócima, potion
poco, little; **pocos,** few;—**a**—little by little, gradually
poder, to be able, can
poder m., power
poderoso, powerful
policía, police
política, politics, political science
pólvoro, gunpowder
pomo, hilt
poner, to put;—**se,** to become, to put on
popularidad f., popularity

por, through, along, by, on account of, for;—**si,** in case
porfiado, stubborn, obstinate
porque, why
por qué, why
portal m., portal, doorway
portar, to conduct, behave, bring, bear
portazo, slam of a door
postrar, to prostrate
postrero, last
potencia, power, force
potente, powerful
potro, colt, horse
precio, price
precioso, precious
precipitado, hasty, hurried
precisamente, precisely
precisar, to need
preciso, necessary
preferido, favorite
preferir (ie), to prefer
pregonar, to proclaim
preguntar, to ask
prejuicio, prejudice
premiar, to reward
premio, reward
premura, urgency, haste
prenda, gift, favor, pledge, garment
prender, to arrest
prensa, press
presa, prey, victim
presagio, omen
prescindir, to do without
presencia, presence
presentar, to present
presentir (ie), to have a presentiment, foresee
preso, prisoner
prestar, to lend
presto, quickly
pretender, to woo, court
pretendiente m., suitor
prevalecer, to prevail
prevaricación f., lying
prevención f., prejudice
prevenir, to warn
prever, to foresee
primero, first
primor m., dexterity, excellence
princesa, princess
principado, princedom
príncipe m., prince
principio, beginning, principle
prisa, haste

prisionero, prisoner
privación f., want, degradation
privar, to deprive;—**se,** to faint, be stunned
privilegiado, especial, unusual
probar (ue), to prove
proceder, to act, proceed
procurar, to try
prodigioso, marvelous
producir, to produce, cause;—**se,** to happen
proferir (ie), to utter
profundo, deep, profound
prohibir, to forbid
prólogo, prologue
promesa, promise
prometer, promise
pronto, ready; soon; **de**—suddenly, at once
propicio, favorable, propitious
propietario, owner
propio, own, very, same
proporcionar, to furnish
propósito, purpose, resolution
prosa, prose
proscenio, stage
proscripción f., exile
prosternar, to prostrate
proteger, to protect
provecho, favor, benefit, profit, advantage
provisto, provided
provocar, to provoke, demand
proximidad f., proximity
próximo, near;—**a,** about
proyectar, to throw, project
prueba, test, trial, proof
¡ps!, sh!
publicar, to publish
pudor m., modesty
pueblo, town, village, people
puente m., bridge
puerta, door, gate
pues, for, well, then
puesto m., post, stand
puesto pp., of **poner**
pugna, struggle, fight
pulso, pulse
puma, a lion native to Peru
puna, high, cold region of the Andes
punible, punishable
punto, point; **al**—immediately
punzó, red
puño, fist

Q

que, who, which, that, whom, than, for
qué, what! how!
quebrado, "broke"
quebrantar, to break
quebrar (ie), to break
quedarse, to remain, stay
quedo, softly
queja, lament
quena, Indian flute
querella, complaint
querer, to wish, be fond of, love;
    —decir, to mean
querido, dear, beloved
quien, who, whom, the one who
quince, fifteen
quinta, villa
quinto, fifth
quiribillo, stirrup, **montar de qui-**
    ribillos, ride with stirrups
quitar, to take away, take off
quizá, perhaps

R

rabia, rage
ración f., ration, food, pay
racha, blast, gust
rajarse, to split, crack
ramaje m., mass of branches
raptar, to abduct, kidnap
rapto, outburst
raro, unusual, extraordinary
rasguear, to play, flourish
rato, while; **ratito,** a little while
raza, race
razón f., right, reason; **tener—**to
    be right
reaccionar, react
real, royal
realidad f., reality
rebajar, to reduce;**—se,** to humble
    oneself, commit low actions
recalcar, to emphasize
recatarse, to be cautious
recato, prudence, caution
recelo, misgiving
receloso, with misgivings, fearful
recibir, to receive
recién, from **recientemente,**
    recently
recio, strong
reclamar, to claim, demand
reclinado, reclining

recobrar, to recover
recoger, to get, pick up
recogerse, to withdraw, take shelter
reconcentrado, absorbed
reconocer, to recognise
recordar (ue), to remember
recortar, to cut off
recorrer, to run over, travel
recostado, reclining, lying
recuerdo, memory
rechazar, to reject, dismiss
redacción f., editorial rooms
redimido, redeemed
redor; en—round about
referirse (ie), to refer
reflejar, to reflect
reflexión f., reasoning, argument
reflexionar, to reflect, think
refrán m., proverb
refresco, refreshment
regalar, to give
regalo, present
regio, royal
regocijo, rejoicing
regresar, to return
rehuir, to shun, avoid
reina, queen
reinado, reign
reino, kingdom
reír (i), to laugh
reja, iron grating
relámpago, lightning
relato, story
releer, to reread
relegar, to relegate
reloj m., watch, clock
remedio, remedy, cure; **no hay—**
    there is no help for it
remover (ue), to move
rencor m., rancor, grudge
rendido, humbly
rendir, to surrender, render
renovar (ue), to renew
renta, rent, income
renunciar, to renounce
reñido, at variance with
reo, criminal, culprit
reojo: de—sidewise
reparo, defense, advice, consideration
repartir, to distribute
repelente, repellent, repulsive
repente: de—suddenly
repentino, sudden
repetir (i), to repeat
replicar, to answer, reply

reponerse, to recover, become calm
reportar, to calm, recover
reposo, repose, peace
represalia, reprisal
reprimir, to repress
reprobar (ue), to reject, "flunk"
reprochar, to reproach
reproche m., reproach
rescatar, to rescue
resistirse, to object
resolver (ue), to decide, resolve
resorte m., spring
respeto, respect
respirar, to breathe
resplandecer, to shine, gleam
responder, to answer
respuesta, answer
restar, to remain
Restaurador, Restorer (Rosas)
restico, rest, small remainder
resto, rest, remainder
resuelto pp., of **resolver**
resumirse, to be included or
  concentrated
retirarse, to withdraw, retire
retorno, return
retrato, portrait
retroceder, to step back, hesitate
retumbar, to resound
reunirse, to gather
revelar, to reveal
reverencia, bow, reverence
revivir, to live again
rey, king
rico, rich
riego, shower
rincón m., corner
río, river
riqueza, riches, wealth
risa, laugh, laughter
ritmo, rhythm
rito, rite, ceremony
rivalidad f., rivalry
robar, to rob, kidnap
roca, rock, stone
rodeado, surrounded
rodeo, evasion
rodilla, knee; **de rodillas,** kneeling
rogar (ue), to pray, beg, entreat
rojizo, reddish
romper, to break;—**se,** begin
ronda, night patrol
ropa, clothes, clothing
rostro, face
rozar, to touch, have connection with

ruano, poncho, blanket
rubor m., blush, shame
rudeza, roughness
rugido, roar, crash
rugir, to roar
ruido, noise
ruidoso, noisy
ruina, ruin
ruindad f., baseness
runa, Indian not of Inca, or royal,
  blood
rústico, rustic, hayseed

S

sábado, Saturday
saber, to know, know how
sabio, wise
sable m., saber
saborear, to enjoy
sabroso, tasty, delicious
sacar, to take out, get out, make
sacerdote, priest; **gran—, sumo—**
  high priest
sacerdotal, priestly
saco, coat
¡sacramento!, by Jove!
sacrificar, to sacrifice
sacudir, to shake off, agitate, shock
saetillas, dart, small arrow
sagrado, sacred, holy
sala, room, hall
salida, exit
salir, to go out, come out, leave,
  turn out
salpicadura, spattering, splash
salpicar, to spatter, splash
saltar, to leap, jump
salud f., health
saludar, to greet, salute
salvaje, savage, crude
salvar, to save
salve, hail
sangre f., blood
sangriento, bloody
santo, saint, blessed; **Santo y Sena,**
  password
saña, rage, fury
sargento, sergeant
sarracenos, Moors
satisfacer, to satisfy
satisfecho, satisfied
savia, sap, strength
se, himself, herself, yourself, itself,
  themselves

secreto, secret, secrecy
sed f., thirst
seda, silk
seducción f., seduction
seguida: en—immediately
seguido, close together
seguir (i), to follow, keep on, continue
según, according to, as
segundo, second
seguro, secure, safe, certain
seis, six
selva, forest, woods
semblante m., countenance, face
sembrado, field
sempiterno, eternal
sencillez f., simplicity
sencillo, simple, unaffected
sendero, path, walk
sentado, seated, sitting
sentarse, to sit down
sentencia, sentence, decision
sentido, sense
sentimiento, feeling, emotion
sentir (ie), to feel, hear
seña, sign
señal f., sign
señalar, to show, indicate
señor, man, sir; **Señor,** Lord
señora, madam, woman
separar, to separate
ser, to be; **sea,** so be it
ser m., being
serenar, to calm
sereno, night-watchman; serene
seriedad f., seriousness
serio, serious; **a lo**—seriously; **en**—seriously
serpiente f., serpent
servicio, service
servidor m., servant
servir (i), to serve
sesenta, sixty
seso, brain, sense
si, if, why, whether
sí, yes
sí, themselves
siempre, always; **para** or **por**—forever
sien f., temple
sierpe f., serpent
siervo, servant
sierra, mountain range
siesta, afternoon nap
siete, seven

significar, to mean
signo, sign
siguiente, following
silbar, to whistle
silencio, silence
silla, chair
sillón m., armchair
símbolo, symbol
sin, without
sindicato, syndicate
sino m., fate, destiny
sino, only, but, except
siquiera, at least, even
sitio, room, place; siege
soberano, sovereign
soberbia, arrogance
soberbio, superb
sobrar, to be left over, remain, to be more than enough
sobre, on, upon, about
sobresaliente, excellent, with a high grade
sobresalir, to stand out, be outstanding
sociedad f., society
sol m., sun
solamente, only
solaz m., comfort
soldado, soldier
soledad f., solitude
solicitud f., request, petition
solo, alone; **a solas,** alone
sólo, only
soltar (ue), to turn loose, loosen
soltero, unmarried, bachelor
sollozar, to sob
sollozo, sob
sombra, shadow
sombrero, hat
sombrío, gloomy
someter, to subject
son m., sound
sonar, to sound, ring
sonreír (i), to smile
sonrisa, smile
soñado, fancied
soñar (con), to dream (about)
soplillo, a little puff of air; **de**—in an instant, "in a jiffy"
soportar, to endure
sorber, to suck
sordo, low, muffled
sorna; con—slowly, sarcastically
sorprender, to surprise
sorpresa, surprise
sos, for **eres**

soso, dull, uninteresting
sostener, to support, maintain
su, his, her, their, your, its
suave, gentle, soft, mild
suavidad f., gentleness, sweetness
súbdito, subject
subir, to rise, go up, come up
súbitamente, suddenly
subjugar, to subdue, overpower
subordinado, subordinate
suceder, to happen
suegra, suegro, mother-in-law, father-in-law
suelo, floor, ground; **poner como un**—to "walk on," feel contempt for
sueño, dream, sleep; **tener**—to be sleepy
suerte f., good fortune, lot, fate, kind
sufrido, patient
sufrir, to suffer
sujetar, to hold
sujeto, subject
sulfurarse, to become angry
sumercé, su merced, you
sumiso, submissive, obedient
sumo, highest
suntur-paucar m., scepter of the Inca
superficie f., surface
súplica, entreaty
suponer, to suppose
supuesto: por—of course
surco, furrow
surgir, to arise
suspender, to stop
suspirar, to sigh
susurrar, to whisper, murmur, rustle
susurro, rustle
suyo, his, of his, hers, yours, theirs

T

tarbardillo, fever
taciturno, taciturn, silent
tal, such, such a;—**vez,** perhaps; ¿**qué tal?,** how goes it? how are you?
talle m., form, figure, waist
taller m., factory, shop
también, also, too
tambor m., drum
tampoco, neither, not . . . either
tan so, as, as much

tanto, so much, as much; **por lo**—therefore;—**más cuanto que,** all the more because
tañer, to play
tapiz m., tapestry
tardar, to delay, be long
tarde f., afternoon; late
tarea, task
tata, tatita, daddy
Tawantinsuyo, name of the Inca empire, meaning "the four united regions"
te, you, for you, to you
té, tea
teatral, theatrical
teatro, theater
techo, roof, ceiling
telégrafo, telegraph
telón m., curtain
tema m., theme
temblar (ie), to tremble
tembloroso, trembling
temer, to fear
temor m., fear
temprano, early
temporada, season
tenaz, tenacious
tener, to have
tender, to extend, tend
teniente, lieutenant
tenis m., tennis
Tenorio: Juan, a famous libertine of Spanish drama
tentador, tempting
tentar, to tempt
teñir (i), to dye
teología, theology
tercero, third
terciar, to test
terco, obstinate, stubborn
terminar, to end
término: primer—foreground; **último**—background; **segundo**—midway the stage
ternero, calf
terreno, ground, field, terrain
tesis f., thesis
tesón m., persistence
tesoro, treasure
testigo, witness
tiana, golden throne of the Inca
tiempo, time
tienda, tent, store, shop
tierra, earth, land
tigre m., tiger

timbre m., doorbell, ring of the bell
tinte m., tint
tío, tía, uncle, aunt
tirano, tyrant
tirar, to pull, shoot
tiritar, to shiver, tremble
tiro, shot, firing, shooting
titán m., titan, giant
titubear, to stammer, hesitate
titular, to entitle
título, title
tocar, to touch, concern, play, ring, strike
tocino, bacon
todavía, yet, still
todo, all
tomar, to take
tontería, nonsense
tonto, foolish
torcido, twisted
toreador, bull-fighter
tornar, to return, turn
toro, bull
torpe, slow
torpeza, stupidity
torturar, to torture
torvo, fierce
trabajar, to work
trabajo, work
traer, to bring
tragedia, tragedy
traición f., treason, betrayal
traidor, treacherous
traje m., dress, suit
tranquilo, tranquil, calm
transición f., turning
trapo, rag, tatter
tras, behind, after
trasero, hind
tratado, treaty, pact
tratamiento, address
tratar, to treat, try, deal;—**se de,** to be a question of
travieso, mischievous
traza, appearance, looks
trazo, trace, survey
tregua, truce, respite
treinta, thirty
tres, three
tripa, intestine; **hacer de tripas corazón,** to pluck up courage
tripular, to man
triste, sad
tristeza, sadness
triunfante, triumphant, victorious

triunfar, to triumph
triunfo, triumph, victory
trompa, trumpet
trompetero, trumpeter
tronar (ue), to reign
tronchar, to cut off, break off
trono, throne
tropa, troop
tropel m., noise, confusion
trópico, tropic
tú, you
tumba, tomb, grave
turba, mob, throng, herd
turbado, disturbed, troubled
turco, Turk
tutelar, protecting
tuyo, yours, of yours

U

último, last
umbral m., threshold
un, uno, a, one
uncir, to yoke
único, only
unir, to join, unite, mix
unitario, Unitarian
unos, some
uña, finger-nail
usar, to use
útil, useful

V

vaca, cow
vacilar, to hesitate
vacío, empty space
vago, vague
valer, to be worth; **más vale,** it is better
valeroso, valiant, brave
valor m., value
valla, wall
vanidad f., vanity
vanidoso, vain
vano, vain, needless
variedad f., variety
varios, several
vaso, glass, vase, tumbler
vejez f., old age
velar, to veil, conceal, watch, guard
velo, veil
vena, vein
vencer, to conquer, overcome
vender, to sell

venganza, vengeance
venir, to come
venta, sale
ventaja, advantage
ventana, window
ventanal m., large window
ventera, innkeeper
ventura, chance
ver, to see; **a**—let's see
vera, edge
veras: de—really
verdad f., truth
verdadero, true, real
vergonzante, shameful, humiliating
vergüenza, shame
vermiforme, wormlike
versar sobre, to treat of
verso, verse
vestido, dress, garment
vestido de, dressed as, dressed in
vestiduras, clothing
vestir (i), to dress, wear
veteado, striped, mottled
vez f., time, turn; **tal**—perhaps;
  en—**de,** instead of; **a veces,** at
  times, sometimes; **cada**—**más,** more
  and more
viajar, to travel
viaje m., trip, journey
vicio, vice
vida, life; **de mi**—my darling
viejo, old
viento, wind
vigilar, to watch
vil, vile, base, low
villano, wicked, base
vino, wine
virgen f., virgin
viril, virile, manly
visioncita, precious dream

visitante m., visitor
vista, gaze, look, sight
viudo, widower
vivamente, quickly
vivir, to live
vivo, alive, keen
vizconde, viscount
volar (ue), to fly
voluntad f., will
volver (ue), to return, turn;—**a**
  (+infin.) again
vos, you (for **tú**)
voto, vote
voz f., voice; **en**—**alta,** aloud
vuelo, flight; **levantar el**—to take
  one's leave
vuelta, evasion, circumlocution, turn
vuestro, your

Y

y, and
ya, now, already, then, later;
  —**no,** no longer
yanqui, Yankee, North-American
yaraví m., song
yate m., yacht
yo, I

Z

zamarros, m. pl., leather leggings
zapatero, shoemaker
zapato, shoe
zarpazo, blow with the paw
zarzuela, musical comedy
zoncera, stupidity
zoquete m., blockhead
zuro, wild pigeon

NTC SPANISH TEXTS AND MATERIALS

Language and Culture
Spain after Franco: Language in Context
Español para el bilingüe
Español para los hispanos

Civilization and Culture
Una mirada a España
Dos aventureros: De Soto y Coronado
Biografía del personaje Series
  Lázaro Cárdenas
  Hidalgo
  Morelos
  Porfirio Díaz
  Juárez
  Francisco Villa
  Moctezuma
  Zapata
  Francisco I. Madero

Contemporary Culture—in English
Discovering Spain Series
  Travel in Spain
  Buildings in Spain
  Education in Spain
  Entertainment in Spain
  The Basque Country
  Andalusia
  Old Castile
  New Castile
  Food and Drink in Spain
  How Spain Is Run
  Catalonia
  Galicia
Spain: Its People and Culture
Life in a Spanish Town
Welcome to Spain

Literature and Drama
Cuentos puertorriqueños
Literatura moderna hispánica
Teatro hispánico
Teatro moderno hispánico

Text and Audiocassette Learning Packages
Just Listen 'n Learn Spanish

Handbooks and Reference Books
Gramática española: Principios y aplicaciones
Tratado de ortografía razonada
Redacte mejor comercialmente
Guía de correspondencia española
Guía de modismos españoles
Complete Handbook of Spanish Verbs

Dictionaries
Vox New College Spanish and English Dictionary
Vox Compact Spanish and English Dictionary
Vox Super-Mini Spanish and English Dictionary
Diccionario enciclopédico (6 vols.,/atlas/ Spanish-Spanish)
Diccionario de sinónimos

Duplicating Masters
The Newspaper
The Sports Page

For further information or a current catalog, write:
National Textbook Company
4255 West Touhy Avenue
Lincolnwood, Illinois 60646-1975 U.S.A.